JN107670

集中力・生産性が劇的UP!

最強の脳覚醒メソッド

メンタルクリエイター®
山田梨加

大和出版

はじめに

あなたのビジネス人生に大革命を！

「仕事での成果を、今より最小の力で最大にしたい」

そう思い、この本を手にしたかもしれない、あなたの力になりたくて、この本を書きました。

大丈夫です。

この本に書かれていることを実践することで、あなたは仕事において、**「自分の想像を遥かに超えた成果」を手にすることができるようになれます。**

わたしは現在、個人のクライアント様から企業の研修まで、ビジネスコーチングやビジネスコミュニケーションをとおして、ビジネスパーソン達の「仕事の成果を上げる」お手伝いをしています。

これまで22年間、ありがたいことに、私のセミナーやセッションを受けることで、ビジネスが好転している方の姿を、何度も目にしてきました。

その一方で気になっていたのは、**「頭で考えがちになっている」ために、目の前の大きなチャンスを逃している人**

も多いということ。

「自信をもって仕事をしたい」「迷うことなく納得のできる決断をして成功したい」「集中力をつけて生産性を上げたい」と願っているにもかかわらず、実際は**よいサイクルに乗れずにいる**のです。

ムリや我慢を続けているにもかかわらずです。

そこで、わたしは、なんとかして彼らを救いたいと考え、これまで以上に、国内外の心理学・脳科学・哲学など、古今東西あらゆる学問を学び、**「ヒプノティックパワー®」というメソッドをつくり出しました。**

「ヒプノティックパワー®」という言葉を、初めて目にする方も多いかもしれないので、ここで簡単にご説明しましょう。

「ヒプノティックパワー®」とは、自分の脳が「本当は渇望している欲求」に対して、「素直に正直になって」、

「自分の脳を可愛がる＝【可能な限り自分を愛する】」

方法です。ひと言でいうと、

「脳に、直接影響を与える『言葉のしくみ』を、『催眠』を利用しながら一瞬で変えていき、さらに『ネガティブな

脳からポジティブな脳』へと再構築する方法」。

そう！　この本のタイトルでもある『最強の脳覚醒メソッド』なのです。

そのうえで、くわしくは本文でお話しするとして、ここでは、「脳は無限の可能性がある」ということだけを、お伝えしておきますね。

話を戻しましょう。

このメソッドの**「一番の強み」**、それは、

「自分の過去の『つまずき先生（失敗者）』と、『上出来先生（成功者）』のデータベースをとおして、自分の脳を、今までにないくらい使えるようにする」点です。

まったく違うことや、新しいことをはじめる必要はなく、誰でも簡単に、しかもラクに楽しく変われるのです。

このメソッドを、研修やセミナーに取り入れたところ、成果を上げていた方は、さらにステージを上げ、これまでブレーキがかかっていた方は、今までの自分では信じられないほどの、大きな成果が得られるようになりました。

これはつまり、**可能性しかない脳力を、自分で「自覚」**

して、自分の脳を「最強ＭＡＸレベル」で使えるように目覚めさせていったということ。
すなわち、「脳覚醒」を次々と実現される方が現れてきたのです。

いかがでしょう。
もしかすると、「そんなに都合のいい話はない」と思われる方もいらっしゃるかもしれないので、ここで、その中から、ごく一部の方の声をご紹介しますね。

- さまざまな能力開発のセミナーを受けたことがありますが、山田先生のセミナーが１番楽しかったです。セミナーの翌週に100万円の契約が決まりました（合同会社ATGW 代表社員　宇野友稀　28歳）
- 楽しみながら学んでいたら、無限の可能性に確信が持てるようになりました。管理職を手放して起業できたのも、梨加先生のおかげです！（客室乗務員　M.T　47歳）
- 苦手だったタイプの患者様とうまく会話ができないことが悩みでした。受講後は、悩みが解消され、仕事がもっと楽しくなりました！（柔道整復師　菊地 竜司　25歳）

- 自分の考えを社員に押し付けていることに気づき、社員の考えに寄り添うようになったところ、自然と良い結果に結びつきました（会社経営　大村正勝　60歳）
- この5年程で人生が大きく変わりました。あのとき考えた「未来のなりたい自分」が、本当に現実化してきて感謝です（30代士業　1児の母K）
- 目には見えない自分や、相手の「個性」を「見える化」して活かす、「自己開発や組織のチームビルディングの方法」を手に入れました！（人事コンサルタント　株式会社リンジェイピー　枝廣 綾子　54歳）
- 「Good & New」「予祝」「感謝ラップ」など、シンプルだけど、そういったところに注目ができるマインドが身についた結果、自然と必要なモノを引き寄せています（営業職　Keiko　50歳）

等々、皆さま、「脳覚醒」したことで、毎日充実したビジネスライフ、そして人生を送られています。

そこで、本文では、

1日目「自信力」を覚醒する

2日目「決断力」を覚醒する

3日目「集中力」を覚醒する

4日目「達成力」を覚醒する

5日目「影響力1」を覚醒する

（脳の個性を活用するプログラミング）

6日目「影響力2」を覚醒する

（脳に直接影響を与える催眠）

7日目「切り替え力」を覚醒する

以上７日間のプログラムで、あなたの脳を次々と覚醒していきます。

なお本文では、脳覚醒「穴埋めカード」という、自分の「変化」が体感できるゲームを使って展開していきますので、楽しみながらチャレンジしてください。

準備はできましたか？

それでは早速、可能性しかない世界、「脳覚醒の旅」に出発いたしましょう！

メンタルクリエイター® 山田梨加

最強の脳覚醒メソッド　目次

プロローグ

変化がダイレクトに体感できる！

1日目

自信ナイナイ脳から「自信力」を覚醒する

2日目

決断デキナイ脳から「決断力」を覚醒する

3日目

集中デキナイ脳から「集中力」を覚醒する

4日目

達成デキナイ脳から「達成力」を覚醒する

5日目

影響力ナイナイ脳から「影響力」を覚醒する

6日目

影響力モットホシイ脳を満たしさらに覚醒する

7日目

切り替えデキナイ脳から「切り替え力」を覚醒する

本文イラスト　松本うち
本文レイアウト　喜來詩織（エントツ）
本文DTP　美創

プロローグ

変化がダイレクトに体感できる!

1 脳覚醒すると、嫌な状況には二度と戻れなくなってしまう！

「皆さん、仕事で自分の思い描くような成果が出せなかったり、職場での人間関係がうまくいかなかったりするのは、なぜだか、ご存じですか？」

これは企業研修や、わたしが運営しているメンタルビジネススクール™の、冒頭で参加者の皆さまにする質問をです。

続けて、

「皆さん、脳ってどこにあると思います？　人差し指を立てて指さしてもらっていいですか？」

と聞くと、**ほとんどの皆さんは、頭あたりを、人差し指で指してくれます。**

それに対して、わたしが、

「この真実を聞いてびっくりするかもしれませんが、脳の本来の使い方を知らないままでいると、皆さんの体全体を脳の100％とした場合、**今あなたが人差し指でちょこんと**

指している部分の脳、3%くらいの脳しか使えないまま一生を過ごすんです！」

　こういうと、

「え？　え〜？

　ええええっ——— ???」

　と、皆さんは一様に驚かれます。さらに続けて——。

「皆さんの脳力は、本来は、体全体100%もいっぱいあるにもかかわらず、その使い方を知らないでいると、**指さしをちょこんとしてもらった、こんなちっぽけな3%の脳力**だけで……。たったそれだけの脳力で、**目の前のお仕事を片付けようとしたり、職場での人間関係を解決させようとしても、なかなかうまくいかないのは当然**ですよね」

　と伝えると、

「うんうん、確かに！」

　と、みなさん、一様にうなずかれます。

　そこで、

「今からお伝えする『ヒプノティックパワー®』を使ったコーチングで、**残りの97%の脳を可能な限り使い尽くし**

て、自信力や集中力、達成力など、生産性を劇的にUPさせ、仕事や人間関係がうまくいく方法をお伝えしていきます！」

このように宣言すると、初めてのセミナーで少し緊張気味の人や、**会社の指示で仕方なくこの場に来て、イヤイヤ感全開で出席している、ビジネスパーソンの目が一斉に輝き、わたしの話に注目しはじめます。**

さて、「はじめに」でも申し上げましたが、この本のタイトルでもある**「最強の脳覚醒」とは、可能性しかない脳力を、「自覚」して、自分の脳を最強MAXレベルで使えるように目覚めさせること**です。

脳は、楽しいことやラクなことや喜びが大好きなので、「脳覚醒」したことで、2度と、辛かったあの頃には、戻りたくても戻れません。

それが、これからお伝えする「最強の脳覚醒メソッド」なのです。

2 「脳の門番」を突破しないとそこには行きつけない

脳覚醒することで、あなたの脳は、

「やっと、ご主人様、最強MAXレベルで、わたしたちを使ってくれましたね♪」

と、超絶ごきげんに喜んでしまうので、無限な脳力を引き出してくれるようになります。

そのうえで、100％最強MAX脳力を仕事に活かすためには、**「潜在意識」97％の使い方を知る必要があります。**

わたしたちの「脳の構成要素」は、3％の「顕在意識」と、残り97％の「潜在意識」と呼ばれるものに分類されます。「顕在意識」は自分で認識できている意識です。

そして、最近では聞いたこともある方も多くいる「潜在意識」。

こちらは、「意識していない意識」とも呼ばれていて、さきほどの使われていない97％の脳の大部分が、「潜在意識」になります。

「潜在意識」は、わたしたちの本当の本当の脳力や知性、本当に本当に実現したい欲望や、感情や本音を奥に秘めて隠している部分でもあります。

なぜ、そうなっているのか——。

それは、「顕在意識」と、「潜在意識」の間に脳のフィルターである**「クリティカルファカルティ」**——。

「97%の『潜在意識』にはそう簡単には入れさせないぞ!」

という、

「潜在意識に入れるか入れないかを判断する『脳の門番』がいるから」です。

では、この「脳の門番さん」を思うままに、味方につけて、「潜在意識」を、思う存分、使い尽くす方法はないのか——?

もちろん、あります!!!!

しかも、あなたが思っているよりも簡単に!!

一度身につけたら、ずっとずっと「イイね!」が続く、魔法のような方法があるんですね。

その前に、わたしたちの脳には、「原理原則」があることを、ご存じでしょうか。

これは、**「成功者の統計学」であり、過去の先輩方が成功した事例 VS 失敗した事例を、さまざまな医師や博士、学者たちが分析**し、**「このやり方をすれば誰でもうまくいくよね」というものです。**

これまで、「脳の原理原則」として後世に伝えられてきました。

その中には、「プロファイリング」と「催眠力」というものがあります。

1つ目の「プロファイリング」は、脳の個性を知って、その個性の特徴に合わせた言葉を選んで、コミュニケーションするもの。

2つ目の**「催眠パワー」は、「ミルトン言語」をはじめとした、催眠の公式や催眠ボイスを使っておこなう方法**です。

こちらは、催眠療法師ならば知っているであろう、催眠の権威であるミルトン・エリクソンのうまくいった施術を体系立てたものです。

これらは、あなたの本当の本当の脳力にアクセスすることを拒む、クリティカルファカルティ、「脳の門番さん」を突破し、自由自在にあなたらしく楽しみながら使い尽くす、遊び尽くすためのバイブルです。

そして、この方法が、誰でも簡単にうまく取り入れられるように――。

と、同時に実践しやすいように、**私が実施してきた、さまざまなカウンセリング×コーチング×セラピー×プロファイリング×催眠を統合して、できたもの。**

それが、**この本でお伝えする「ヒプノティックパワー®」**です。

3 22年の臨床から生まれた「ヒプノティックパワー®」

「ヒプノティックパワー®」という言葉を初めて聞く方も多いと思われますので、ここで簡単にお話ししますね。

「ヒプノティックパワー®」とは、一言でいうと、「脳が最強MAXレベルで使える方法」、すなわち「脳覚醒メソッド」です。

これは、わたしの22年間の臨床と、36万件のプロファイリングをもとに、**日本人に合うものにつくられた、即効性のあるメソッド**です。

これまで、心理学・脳科学を使いながら、「たくさんの方々に元気・勇気・ひらめきをお届けしたい」という思いで、仕事に向き合ってきました。

さらには、これらを使った言葉の根源である、「催眠」には「無限大の可能性がある！　チカラやパワーがある！」という、1つの解にもいきつきました。

あの人も笑顔にしたい！ 救いたい！ 勇気を与えたい！

ヒプノテックパワー®は、日本のビジネス業界に、明るく楽しい革命をおこせるかも！

このような経緯で、「ヒプノティックパワー®」は誕生しました。

これからご紹介するものは、すべてオリジナルです。

海外の学問も学びましたが、どうしても日本人には合わない部分もあり、**日本人の脳が震えるほど覚醒してしまうオリジナルメソッド**をつくりました。

本文では、ビジネスパーソンが使える「ビジネス催眠力®」や「ビジネス脳会話®」もご紹介していきます。

くわしくは、のちほどお伝えしていきますが、**ヒプノテックパワーは、自分だけでなく、相手の脳も覚醒させていく力も持っていることを、先にお伝えしておきますね。**

4 7日間で最高かつ最強の生産性を生み出す

ここまでいかがでしょうか。

「ヒプノテックパワー®」という、耳慣れない言葉に戸惑われている方も、いるかもしれませんが、大丈夫！

これからお伝えする方法は、楽しくスルスルできてしまうものばかりですので、安心してついてきてくださいね。

それではさっそく、**「ヒプノティックパワー®」で、脳の認知構造を変えて、自分が「働きやすく、成果を上げやすい現実をつくる」具体的なやり方**についてお伝えしていきましょう。

なお、こちらは「はじめに」でもお伝えしたように、「7日間プログラム」で展開されていきます。

1日目　「自信力」を覚醒する
2日目　「決断力」を覚醒する
3日目　「集中力」を覚醒する
4日目　「達成力」を覚醒する

5日目　「影響力1(潜在意識影響レベル1)」を覚醒する
　　　　脳の個性を活用するプロファイリング
6日目　「影響力2(潜在意識影響レベル2)」を覚醒する
　　　　脳に直接影響を与える催眠
7日目　「切り替え力」を覚醒する

以上、7日間通して、簡単な「穴埋め形式」のカードを使いながらお伝えしていきます。

本文では、**ビジネスパーソンの現場レベルのリアルな「お悩み」をもとに、それらを解決する「脳と言葉の使い方」がたくさん入っています。**

やり方も簡単です。

1日1つにフォーカスしながら進めていくだけです。

この場合の「フォーカス」とは、簡単にいうと一点集中で意識するということ。

たとえば、「今日は、『決断力』に、集中！」でOKです！

わたしのつくったゲームのヒーロー・ヒロイン。早速主役としてあなたをお迎えしますね！

5 脳は未完了にすると完了にしたい欲求が湧いてくる

「1日1つにフォーカス、忘れないでできるかな〜？」と心配性なあなたも大丈夫！

もし、できなかったときは、また明日やればいい。

あなたの脳は、あなたが思っているよりもお利口さんで、穴が空いた「やり残し」＝つまり「未完了」で穴が開いていると、完了にしたい欲求が高まります。

つまり、**「やり残しの穴を埋めて、完了させたい！」と脳は動き出すわけですね。**

結果、7日間、すべてのプログラムがクリアできます。

ちなみに、本文では「穴埋め」スタイルのカードゲームが登場するのも、それが理由です。

なぜなら、あなたの脳が絶対埋めたくなるからです！

6 彼らの次はあなたの番です！

これまでの22年間、最短最速で脳を覚醒させることで、皆さまが仕事も人生も充実したものになるように、動いてきました。

はじめに携わった医療現場では、不安や心配、ネガティブな感情を抱く患者様をお迎えするスタッフの皆さんが、自分の気持ちを満たしながら、安心、安全に仕事に向かえるように邁進していきました。

医療福祉現場で、わたしの研修を受けた方々には、
「『穴埋め問いかけカード』をはじめてからは、『なんでこんないい方するんだろう』と、**面倒くさいと感じていた、患者さんがベイビーのように可愛く思えてきた。**気楽に話ができるようになり、結果、患者さんが自分を指名するようになった」（医療法人・主任看護師30代）

「職場のドクターに、何かいわれるとこわくて、本当はで

きることなのにできなくなり失敗ばかり。穴埋めしているうちに、なぜ『こわかった』のかが判明し、さらに、**わたしの本当の脳力を一瞬で活かすやり方がわかった。**今では、あの厳しいドクターとも気軽に話せるようになり、主任へと昇格しました」(美容歯科・歯科衛生士　勤務3年目)

と、仕事のパフォーマンスに大きく影響を与える「人間関係」が好転し、昇格・昇給しながらやりたい仕事ができるようになった方々だけでなく、

「周りに反対されて、できないとあきらめていたことが、穴埋めをしているうちに、今度は達成できる！　と確信できた！」

と、3つの医療法人を任されていた社長ドクターが、**小さい頃から夢だったパイロット**になって海外で活躍されています。

さらには、田舎町の歯科助手から、夢だった海外暮らしをヨガ講師としてスタート。大好きな子どもたちの教育に携わる仕事を、カナダから現在はオーストラリアで達成し、今は大好きなオーストラリアのパートナーと一緒に住

むという、**最高にゴージャスでハッピー**な女性を謳歌する方もいます。

そのうちに、脳が覚醒し、仕事や人生を激変させている人が次々といる」ことが評判となり、患者様やスタッフの方のご紹介で、企業コーチ・研修をさせていただくようにもなりました。

このように、ただの医療従事者だったわたし（しかもドクターではないのに）が、**名だたる企業で研修するまでご縁がつながれる奇跡。**

大手企業の経営者の塾の運営を任される奇跡。

そして現在は、人・食・土地に一瞬で一目惚れした福岡で、セミナーのオファーをいただき、会長レベルの経営者の方々の前で講演させていただくなど、奇跡は今も続いています。

これも、**「最高にごきげんハッピーな脳」をつくり出した、「脳覚醒メソッド」をおこなった**からです。

簡単だけど、効果絶大！　**小さな力で、大きな成果を手に入れるのも、わたしたち本来の脳の使い方**です。

それではさっそく、1章からスタートしましょう！

1日目

自信ナイナイ脳から「自信力」を覚醒する

ビジネスにおいて「自信」があるということは、とても重要な要素。

一方で、日本人は、その「自信」がもっとも低い国民であるのも事実です。

世界6億7500万人が利用しているビジネスSNS「Linkedin」で調査したところ、カナダやアメリカ、イギリス、中国など22ヶ国中、日本は、「仕事で成功するための自信」が最下位でした(出典:Linkedin「仕事で実現したい機会に対する調査」2020年)。

そこで、1日目では「脳の土台」にもなっている、「自信力」を覚醒するワークをおこなっていきます。

これらは、脳の根本欲求を満たす土台にアプローチしながら、「自信力」をつけていくものです。

無理や我慢、がんばりすぎるような「カラ元気」。

また「カラやる気」で、さらに自信力をなくすようなことは一切ないので、安心してついてきてくださいね。

1日目 1

無意識の「脳内錯覚」がビジネスパーソンの足を引っ張っている

1日目は、何があっても脳がよい方向にしかとらえないようになる、「自信力」についてお話ししていきます。

「自信力」とは、ひと言でいうと、いつでもどんな状況でも、「自分を信じきる脳の力」。

「自信力」にも「脳の力」が強くかかわっています。

では、なぜ1日目に「自信力」を持ってきたのか——。
それは、脳を覚醒する第1歩として、「自信力」がもっとも重要な要素だからです。

ところで、あなたは、「仕事ができる、できない」「仕事がはかどる、はかどらない」「成果が出る、出ない」以前に、大切なことは何だと思われますか？

それは、**自分が置かれた環境において、そこが楽しい場**

であるかどうかということだったんです。

「えっ？　何を子どもじみたことをいっているの」と思われたあなた。

たしかに、そう思われるのも無理はないかもしれません。

「『楽しい』や『楽しくない』などは関係なしに、自分は結果を出したいんだ！　お金も地位も手に入れる！」
と思われた方もいるかもしれません。

しかし、職場や仕事において、毎日を楽しくするのも、つまらなくするのも、脳の覚醒具合で「自信力」が決まっていたのです。

それはつまり、
「いつでもどんな状況でも自分を信じきる脳の力」
が、かかわってくるということ——。

たとえば、「自信力」がない脳の状態で仕事をするとしましょう。
するとҐ「自分なんてたいしたことはないから仕事ができない。もしかして存在価値すらないかもしれない……」という声が、脳から響きわたってきます。

本来ならば、無限の可能性で、自分がやりたいとを決めたものは、すべてできるのにもかかわらず。

その状態では、無意識でネガティブな脳内錯覚がおきています。

くわしくはのちほどお伝えしていきますが、そうなってしまうのは、**脳が最初に決めたものやフォーカスしたものに、ロックオンするしくみ**だから。

「自信力」がないと、あなたが思っている以上に、脳が、「辛い、苦しい、疲れた」に、フォーカスされるようになっているわけです。

しかも「自信力」のない状態が習慣になると、**たとえこの先、仕事が充実して、楽しく、絶好調だったとしても、**

ポジティブなことを、見つけ出すことができない、脳の状態になっています。

「一瞬いい感じって思ったけど、やっぱり仕事は『辛く、苦しく、疲れる』ものだったよね！」

と、無意識に無理・我慢・がんばりすぎるように、脳にプログラミングされてしまいます。

わざわざ「辛く、苦しく、疲れる」案件や、情報を目の前の現実から見つけ出そうと、脳はフル回転。

結果、本当は「充実して楽しく」「絶好調」であるにもかかわらず、毎日を「辛く、苦しく、疲れる」ものにしてしまうんですね。

当然、そういった状況を招いた自分を、信じることなんてできませんよね。

このような、ネガティブな脳の勘違いをおこさないためにも、ビジネスパーソンにとって「自信力」を覚醒することは大切です。

一方で「自信力」が覚醒することで、ストレスに対しても強くなるので、メンタルヘルスの向上力へとつながっていきます。

そうなることでさらに、「自信力」が高まり、その場が楽しいと思えるようになってくるわけです。

1日目 2

どんな場でも実力を発揮できる人はここが違う！

ここで、本気で思っていることの1つを申し上げますね。

わたしがもし政治家になったら、日本の義務教育に「自信力」覚醒カリキュラムを導入していただきたいと懇願します！

何を冗談のようなことを、とお感じになられた方もいるかもしれませんが、本気です。

なぜ、そういえるのか——。

そこには、わたしのメンタルビジネススクール™にいらっしゃるビジネスパーソンが、関係しています。

わたしが運営している、メンタルビジネススクール™には、現在、20代～50代のビジネスパーソンが通われていますが、新しく入学されたときや、初めてコーチングをする前に、以下のアンケートを取ります。

・あなたの１番の問題は何ですか？
・スクールが修了したときに、何が得られたら嬉しいですか？

すると50%以上の方々が、

・もっと自信を持って行動したい
・自信をつけたいから参加した
・自信があったらさらにやりたいことができると思う
・自信があったら人間関係に悩まないと思ったから
・自信があったら ストレスがなくなると考えたから

とお答えになります。

つまり、**「わたしは、自信がないです」、だから「わたしに、自信をください！」という記述されている**のです。

しかも、
「えっ？　あの誰もが利用したことのあるレベルの世界トップクラスの外資系通販会社で、マネージャーをされているのに？」

「えっ!?　あの憧れの大手航空会社にお勤めで、管理職もされているのに？　自信がないと書かれているなんて、嘘でしょ？」

　というような、一流の企業にお勤めで、さらに管理職で、おそらく給料もステイタスも待遇も、上級クラスの方でも、「自信がない」とはっきりおっしゃいます。

　これは決して珍しいことではありません。

　別の管理職研修のときも、32名中24名の管理職の方から自信がないといわれました。

　そんなときにおこなうのが、これからご紹介していく「自信力」覚醒穴埋めカードゲームです。

　このゲームをおこなうことで、
「いやいや先生！　本当に遠慮とか謙虚とかじゃなくて本当に本当に自信がないんですよ！」
　とちょっとキレ気味に答えていた取締役レベルの管理職

の方も、
「自信力がついてから、気分が落ち込んでいるときですら、周りのみんなにも必ずよいところがあるんだと、あたりまえのように自然と気づけるようになった。**自分が勝手に周りの人を誤解して、自分自身を不機嫌にして自分で自分を傷つけていたことに気づかされました**」
と、その成果に驚かれていました。

また、
「自分なんて、まだまだだ！と自信がなかったけれど、自信力がついてからグループ会社の行きたかったポジションにさらに昇格した！」
という報告も届いております。

次項からは、どんな職場環境でも、役職についていてもいなくても、いつでもどこでも「自信力」が盛り盛りと湧いてくる、ごきげんなビジネスパーソンへ、あなたを変身させますよ！

1日目 3

「15文字」だけでも効果抜群！

ここからは、いよいよ、自信力を脳覚醒するゲームをスタートいたしますね。

まずは基本中の基本、**15文字の奇跡**についてお話ししていきましょう。

これは、わたしのリアルな臨床現場と、経営現場から生まれたものです。

当時、実家では、父がいい人すぎて、医療法人の経営者として史上最悪な状況のときがありました。

父は口腔外科医として、一代で医療法人を立ち上げたのですが、あるとき3回の横領を受け、いわばどん底状態になってしまいました。

わたしも歯科衛生士として、父のアシストをしておりましたが、さすがにこの状況は、堪えがたい日々でした。

しかし、あるとき、**「わたしも辛いけれど、父はわたし**

以上に辛すぎて自信をなくしてしまっているかもしれない」ということに気づいたのです。

そして、「自分にできることはなんだろう」と思いついたのが、「自信力」を覚醒させるシンプルな催眠力、「よかったね」「おめでとう」「ありがとう」でした。

以降、どんな出来事に対しても、これをいい続けた結果、父もわたしも「自信力」盛り盛りで楽しく元気に仕事し社会貢献ができるようになりました。

その後も、たくさんのハプニングや辛いこと悔しいことがあったにもかかわらず、です。

「よかったね」「おめでとう」「ありがとう」

これ、**文字数を数えてみると、たった15文字**なんですよね。

わたしたち親子を応援し救ってくれたのは、潜在意識にダイレクトに伝わる、単純な15文字の、まさに「ヒプノティックパワー®」だったのです。

これを応用したのが、次の穴埋めカードです。

なんでもよいので、1枚の紙に、以下の言葉を書いてください。それぞれの質問に対して答えが書けるように、スペースをあけてくださいね。

- 「よかったね」って思ったことは何？
- 「おめでとう」って、祝福できることは何？
- 「ありがとう」って、感謝できることは何？

これらの問いに対して、答えを書いてみましょう。

研修のときは、グループで話し合いながら、カードを埋めていきますが、口ベタで恥ずかしがり屋の方もうまくシェアできています。

この「穴埋めカード」を使うことで、自分自身と向き合え、自分の脳と対話しやすくなります。

また、**穴が空いているから、その空白＝穴を埋め、未完了な脳を完了にしたいという脳の欲求も高まっていきます。**

さらに、すべてがポジティブな、幸せなことだけを引き出せるワークなので、自然と自信力がつくり出されていくわけです。

とはいえ、すぐにはパッと思いつかない方もいるかもしれません。

そこで次項からは、この魔法の15文字、「よかったね」「おめでとう」「ありがとう」を使ったゲームをお伝えしてきます。

このゲームをおこなうことで、15文字がラクにいえるようになります。

どれもすぐにできる簡単なものばかり。

ぜひ、気楽に試してくださいね。

1日目 4

脳のファーストフォーカスを変えるだけで「デキる」自分に

ここからは、魔法の15文字の一番はじめの言葉、「よかったね」を使ったゲームをご紹介していきましょう。

あなたは、以下のように思ったことは、ありませんか？
「あ～、今日、あれもそれもできなかった～」
または、
「またあんな失敗をしてしまった。なんで、あんなことをいってしまったんだろう。ああすればよかった～」
「なんで、あんなヒドイいい方するんだよ～！　あの人のこと思い出したら、またイライラしてきた～」等々。

昔のわたしはちょっと気を抜くと、
- **よくないこと、できなかったこと**
- **思い出したらいつでも一気に自信をなくすようなものに焦点を当ててしまっていました。**

そして、よくないこと、できなかったことやネガティブなことを思い出したら、それらが連鎖的に思い出されてしまい、ますます自信をなくしていました。

これは、先ほど申し上げた、**「脳のファーストフォーカス」**ですね。

そのしくみを、さらにくわしくお話ししましょう。

脳は最初に決めたものやフォーカスしたものに、「ロックオン」します。

脳は、素直すぎるくらい素直なので、脳の持ち主であるご主人様が、最初に「ロックオン」したものと、同じ過去のものや、「ロックオン」した系統と似ている過去のものを律儀に一所懸命になって探し出します。

たとえば、「脳のファーストフォーカス」が、よくない・できない・ネガティブですと、過去の、
→「よくない・できない・ネガティブ」なことを探し出して、ますます「自信力」を阻害します。

一方で、「自信力」を覚醒させる「よかったこと・できたこと・ポジティブなこと」を、「探してね！　お願い！」と質問して脳にセッティングしてあげると、同じく過去

の、

→「よかったこと・できたこと・ポジティブ」なことをたくさん収集してきてくれます。

この性質を活用してできたのが、今からおこなう、穴埋めカードゲーム、「GOODで、おNEWなエトセトラ」です。

このゲームのベースとなったのは、アメリカのあるスラム街でのエピソードがきっかけです。

あるとき、アメリカのスラム街の学校に、1人の先生が赴任しました。

家も街も荒れ果てて、家族からも愛されず、将来の希望もなく心を失った生徒たち。

そんな生徒たちに先生はキャッチボールをしながら、

「なんかよいことあったか？」

「なにかできるようになったことはあるか？」

と質問したそうです。

すると、話すことすら忘れ、希望が見えなかった生徒たちが、**自然と「よいこと」に焦点を当てて話すようになったのです。**

さらに、「できたこと」に気づけるようになったことで、自信を取り戻し、笑顔になり更生し、社会人になっていったとのこと。

このストーリーからヒントを得て、「GOODで、おNEWなエトセトラ」は生まれました。

やりかたは簡単です。できる限り最近のよかったこと、できたことを思い出してください。

そのうえで、以下の2つのポイントを意識しながら脳内探索スタートです！

1つ目のポイントは、**できる限り最近おきたこと、新鮮な記憶（24時間以内の出来事）にする！**

脳は先ほども申し上げたように、目の前の出来事を認知したら、一瞬で脳の中にある過去の出来事を思い出します。

そのとき、同時に、後から検索し思い出しやすいように「こちらは、ネガティブです！」「ポジティブです！」と瞬時にラベルを貼っていきます。

ポジティブラベルが貼られた新鮮な情報は、脳のポジティブフォルダーへ、ネガティブラベルが貼られた新鮮な情報は、脳のネガティブフォルダーへ自動的に貯蔵されていきます。

「ネガティブ」ラベルを貼るクセが多くなると、ネガティブフォルダーの中はどんどんいっぱいになっていき、特別なセラピーや手法を使って認知構造を変えないと、脳の情報も変更しにくくなります。

そんな手遅れになる前に、ポジティブな方向から見る習慣をつけるために、24時間以内のできる限り最近におきたポジティブなごきげんラベルから見つけていきましょう！

2つ目のポイントは、**「脳内ファーストフォーカス」をごきげんな内容にセッティング**する！

簡単！脳トレ

GOODで おNEWなエトセトラ

できる限り最近の
よかったこと・できたこと

ex. ※あくまで例なので、自由に考えてくださいね（以下同）

- 目覚ましが鳴る前におきられた
- 先ほど部長に「よくやっているね」と声をかけられた
- 「手伝えることあったら、なんでもいってください」と後輩にいわれた

脳に「よかったこと・できたことに焦点を当てる！」と、宣言して、よかったこと・できたこと検索開始してください！

「宣言すること」がポイントです。

そのうえで、脳に、「さっき、嬉しい・楽しい・大好きなことあったよね？」

「最近、感動したこと、あったよね？」と、ごきげんな検索依頼をかけてください！

さらにさらに♪

「今、思い出しても笑顔になる話、笑っちゃうことってあったよね！」

など、

「思い出すだけでも、ごきげんになっちゃう内容、『いでよ！』」

と、脳に、再度、検索依頼をかけてみましょう。

「いいね、いいね！　どれも最高！　オールOK！」

と、脳に応援やエールをおくって喜ばせながら、脳に浮かんできたものを自由に書いて、穴埋めするだけでOKです。

以上です。簡単ですよね。

「脳に問いかけるセリフが斬新！」と思われた方もいるかもしれません。

これらは、**ヒプノティックパワー®**を使った、独特な言い回しで脳を刺激して、あなたの脳を覚醒させるセリフです。
頭を使って考えず、とりあえずお子様のお遊びのようにそのまま読んでいってみてくださいね。

その効果は、脳から見ても抜群です。

1　仕事で何かを認知したり体験したら、瞬時に、ごきげんになるラベリングを貼る習慣が身につく

2　あなたの「自信力」を覚醒させる脳になるので、嬉しい・楽しい・大好きが広がる毎日になる

3　職場の人やシステム、体験に対して、自然によいところ、できているところにフォーカスできるようになるので、落ち着いて、優しい気持ちで仕事ができる。

4　職場で、さまざまな体験をするたびに、「自信力」が常に覚醒する脳内へと再構築される

いかがでしょう。

このようにカードを穴埋めしているうちに、どんなに大きなネガティブが押し寄せてきても、ポジティブに受け取れるようになれます。

たとえどんなに最悪なネガティブな出来事であっても、「必ず、よかったこと・できたことポジティブを持ち合わせてできているんだな〜！　最高！」と思えるようになります。

なぜなら、穴埋めをしていくことで、脳がネガティブにしか、「出来事」に対して、見ることや聞くこと、感じることしか受け止めていなかったことに気づけるようになる

から。

と同時に、**ポジティブにしか、見ることや聞くこと、感じることができない世界があることが、わかってくるからです。**

わたしもこれに気づいてからは、
「わたしって、わざわざネガティブな方向からしか見ていなかったのね。もったいないことをした〜」
「ネガティブだと勘違いしていた同じ出来事も、あらためてポジティブな方向から見始めた瞬間に、すべてがポジティブからできているなんて、人生って素敵！」
と目の前に広がる世界に感動しました。

さらに、続けていけばいくほど、**不思議と、自分のことだけではなく、周りの人たちの、超絶ごきげんなポイントにフォーカスすることができるようになります。**

そして、気がついたら、ホメ上手になって、現場の人間関係がよい方向に前進していますよ。

メンタルビジネススクール™の参加者も、
「りかさんのセリフをマネをして、穴埋めカードをしていくうちに、あんなにイライラしていたのに、嘘のようにイライラがなくなりました！」

「職場で苦手な人がいても、仕事の内容が辛いときも、絶対よいところがある、楽しいところがあると、脳が自動的に検索してくれるので、同じ職場で同じ仕事内容なのに、最近、嫌な人も辛い仕事もなくなりました。すごいです！」

「自分の自信をなくすような、心の声や視点が変わって、意外とわたし、よいところがいっぱいあるんだ、できていることがあるんだと**『自信力』が覚醒し続けていますので人生のエクササイズだと思ってやり続けます！」**

など、嬉しい変化の報告が続々とあがっていますので、ぜひ試してくださいね。

1日目 5

おこってほしいことを先取り！「喜びMAXな予祝パーティー」

次のゲームは、魔法の15文字の2番目、「おめでとう」を使ったゲームです。

名付けて**「喜びMAXな予祝パーティー」**。

このゲームは、「時は未来から現在、過去へと流れる」という、ほしいものや、達成したい夢が叶う前提を、先取りして前祝いをする——。

そうすることで、その**夢を達成するために必要なモチベーションや、喜びの感情をMAXに高めて、実際に手に入るその日を最短最速でお迎えする**という、「脳覚醒」を活用した脳トレ3部作の2番目のゲームです。

こちらも、やり方は極めてシンプル！

あなたが今、ほしいものや、達成したい目標が思い浮かんだ瞬間に、語尾を過去形にするだけです。

過去形にすることは、イコール成し遂げたということ。

そのときあふれ出た、「うれしい」や「おめでとう」といった、「喜びの感情」が、あなたの「自信力」を覚醒し、あなたの「自信力」をアップさせる結果となり、さらに、夢が叶いやすくなっていくわけです。

ちなみに、**未来の祝いを先取りして祝うことを、「予祝」といいます。**

古来より神社では、来年の芳醇な収穫を願い、豊作を先取りして祝う習慣「収穫祭」があります。

現代でも、来年の収穫のためにお祭りが開催されていますよね。

その場では芳醇な収穫がないにもかかわらず、先取りして、未来に芳醇な収穫があるように。

まだ現在では、おきるかどうかわからない案件が、現実化するように、**脳に先取りして命令しておく**——。

これらは脳に直接影響を与える、ヒプノティックパワー® の基本ルールであり、こうすることで、潜在意識を自由自在に動かせるようになります。

ポイントは、「これからの未来」に「おこってほしいこと」だけを言語化すること。

とはいえ、「まだ叶ってもいない夢や目標を、ただいっているだけな感じがして、気持ちが乗らないんですよね〜」という方も、オールOK！

とりあえず、お子様のお遊びだと思って、「ごっこ遊び」を楽しむ感じで、「これからの未来」に「おこってほしいこと」、「何が見えて、何が聞こえて、何を感じているのか」を脳に問いかけてみましょう！

そうするだけで、まだ現実化していない夢や目標も、達成したと先取りして脳内錯覚がおこり、そのうちに、達成したという現場に臨場して、喜びの感情が盛り盛りに湧いてきます。

すると脳は、「あれ〜⁉　ご主人様、こんなこといっちゃって、今すでに達成している感じだけど、現実では、まだ達成してないよね。**このGAP、どう埋めて達成へと導いていこうか？」と急速回転しはじめます。**

そうして、ご主人様であるあなたを早く喜ばせたくて、「予祝」した内容が「最短最速で現実にするための言動や行動」をおこさせる選択肢を生み出し、ご縁をつないでくれます。

その結果、ご縁がつないだ人間関係が生み出すさまざまな化学反応が、「予祝」した内容を現実化させる力となり、**最短最速で、「おこってほしいこと」がそのまま手に入る**わけです。

簡単！脳トレ

喜びMAXな予祝パーティー

あなたが今、ほしいもの
未来・夢が思い浮かんだものは？

ex. 気軽に有給を取れる社風だったらいいのに

- なんと今の会社、気軽に有給を取れる社風に変わったので、先月からモナコに2週間バカンスで滞在してきました！今日、ハワイ旅行の日程も有給申請していました。みんなで、次は誰がどこに旅行に行くのかをワクワク話して計画しています。

補足

コレ、かなり効果の高い予祝パーティーになるポイントが、もう1つ!
あなたがほしいもの、思い浮かんだごきげんな未来・夢以外に、

【いいな～】【羨ましい】
【ちょっと嫉妬しちゃう】
【わたしも～だったらいいのになぁ～】と思う内容も、語尾を変えてみてね。

＋

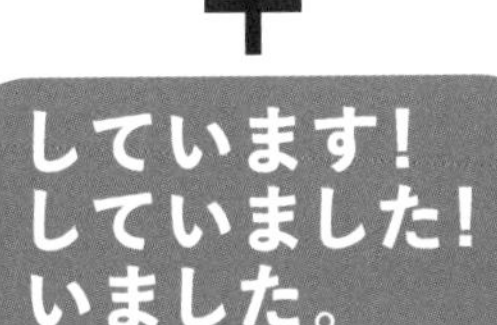

語尾に
つけるだけ

メンタルビジネススクール™やグループ研修では、
「みなさん、グラスの準備はよいでしょうか？」
のわたしの一声から始まります。

そしてみんなで、
「おめでとう、ありがとう、乾杯～」
と、夢が叶った達成のお祝いに飲んでいるだろう飲み物&グラスの用意をして乾杯のリアクションで脳に深く記憶させることをおこなっています。

また**予祝パーティーをして叶った仲間の話を聞くことで、あたかも自分が叶ったかのような、脳内錯覚をおこし自分も叶ったかのようにもなっていきます。**

最初はちょっとテンションが高くてびっくりされる方も多いですが、素直にとりあえずやってみたら、

・クライアント様の売上が３倍以上上がった
・当たり前のように毎年、昇格と昇給した
・企業案件がもらえて、月収100万円から月1000万円プレイヤーになった

・仕事でやりたかったポジションに昇格

という方が、続出しています。

わたしも、この10年間予祝パーティーしたことで次々と目標が達成し夢が叶っています。

次はあなたの番です！

ぜひ、一緒に楽しみましょう！

1日目 6

昇給、昇格続々！やりたい仕事で結果を出せる！「感謝ラップ」

ここまでいかがでしたでしょうか？

脳の中が動き出し、なんともいえない変化がおきてきた気はしませんか？

最後は、「自信力」を、さらにさらに脳の中で盛り上げる魔法の5文字、「ありがとう」を使った穴埋めカードゲーム、「感謝ラップ」です。

自分を最高で最強にごきげんにしながら、「自信力」を、さらにさらに覚醒する、進化版ヒプノティックパワー®を紹介しますね。

くわしくは7日目に記述しますが、これは脳内覚醒方法の1つであるアファメーションであり、**「自信力」を最強に覚醒させる脳への命令文**です。

その方法は、出来事に＋（プラス）して「ありがとう」や「オールOK」といった感謝や肯定文をつけていくだけです。

たとえば、
「いつでもどんな状況でも、自分には最高で最強の価値があるから、すべてOK！　オールOKでしょ！」
となり、たとえトラブルになったとしても、
「今は、わたしの英雄ストーリーの最高の見せ場の前の自分のレベル上げの修行の時期なんだな〜お楽しみさまで〜す！　ありがとうございます！　喜んで！」
「今回のトラブルはヒーローヒロインが、モンスターと対峙している山場のシーンにいる、見せ場、イイね！　なぜならば、わたしは価値がある唯一無二の存在だからね！」
「トラブルの1つや2つ、ちょうどいい。成功直前のごきげんな味付け、スパイスだね！　最高に盛り上げて応援してくださりありがとうございま〜す！」

など、「ありがとう」という感謝を、真面目に真剣にというより、「軽い感じ」で、「チャラ突き上げた」感じでいってみましょう！
すると**脳は、ますます楽しくなって素直に命令に応じてくれ、結果として現実がよきよき方向へと変わっていきま**

簡単！脳トレ

感謝ラップ♪♪♪
イエ～イ♪♪♪

★起きられたことに
ありがとう

★また出会えた
ことに感謝

いつも
ありがとう

★毎日掃除をしてくださる方
駅員さん、
コンビニの店員さん
いてくれてありがとう

★電波さん、世界中の
みんなとつないで
くれてありがとう

いてくれて
ありがとう

★これって最高なこと。
教えてくれてありがとう

教えてくれて
ありがとう

★つまずいて転びそうになったとき、
ちゃんと前方を見て
もっとゆっくり歩いていこうと
教えてくれて、石ころ、ありがとう

すよ。

最高にノリノリでうまくいっているときも。史上最悪レベルでうまくいっていないときも、職場を毎日を楽しくするのも、つまらなくするのも「自信力」。

自分がやりたかった仕事や役職に就けなかったときも。上司やお客様に、いろいろといわれて撃沈しているときも。

部下の、空気が読めない行動や言動にイライラしたときも。目の前のことが自分の望んでいる状況にならなかったときも。

そんな悩みを抱える、クライアント様のコーチング研修でよくお話しするのですが、わたし自身、辛すぎる自分が少しでも生きやすいようになったのは、**「自信力」が覚醒したからです。**

「自信力」があると、自分の過去にあった嫌なこと辛いことさえもすべて自然と、**「周りを勇気づける言葉」**へと生

まれ変わらせることができます。

周りのみんなの未来さえも、あなたがいるだけで話すだけで、自然と勇気づけやサポートとなります。

難しいようでしたら、「よかったね」「おめでとう」「ありがとう」の15文字をいうだけでもOKです！

15文字を書かなくても「いう」だけだったら、気楽ですよね。

とても続けやすいので、おすすめします。

さて、1日目はこれで終わりです。

脳覚醒メソッドの「1日、1覚醒」してみて、また7日後に「自信力」にフォーカスする日が来たら、ぜひぜひ、意識しておこなってくださいね。

2日目

決断デキナイ脳から「決断力」を覚醒する

2日目は、「決断力」を覚醒することがミッションです。

「あれこれ考えて決断ができない、前に進めない」、
あるいは、決断をしたとしても、
「この決断で良かったのか、と不安で心配になる、後悔することが多い」。

その結果、仕事の成果が出ない、実績を出せない、と悩んでいるビジネスパーソンは多くいらっしゃいます。

これらの原因は、「決断する前に、何を基準に決断していいのかわからない」、つまりは**「脳が整理されていない」**からです。

そして、そういった体験を積んでいくと、ますます「決断しにくい脳」へのクセづけがされてしまいます。

これからご紹介するのは、あなたにとって最良な「よい決断」ができるようにするゲームです。

しかも、それらは「脳が喜ぶことばかり」を見つける時間！

さっそくスタートしましょう。

「いつもチャンスを逃す」のは必然だった!?

仕事でもプライベートでも、誰にでも必ず、
「今こそチャンスだ！　いけ～!!!」という機会に恵まれるもの。

一方で、最高なチャンスの予感がして進んでOK！だとわかっていても突き進めない。

また、チャンスと見せかけて「罠」がしかけられているのも、ビジネスパーソンジャーニー。

さらには、よかれと思って決断して、実際にやってみたら、あなたの脳が「無理して」「我慢して」「がんばりすぎて」しまう。

その割には、望ましい成果や報酬が少ない、さらには、人間関係で痛い目に遭ってしまい……。

こんな後悔をする「決断」は事前に防ぎたいと思いますよね。

そしてこんな状況になるのは、**あなたが「決断の作法」を知らないから**です。

- そもそも脳が整理できていない
- 何を基準で選択し、決断をしてよいかがわからない

など、これらを解決するのが、これからご紹介する「決断コアシステム」です。

2日目 2

「決断の核」がわかっている人は「何をするか」がいつもクリア

先ほども申し上げたように、決断できないのは、脳が整理されていないから。

そして何を基準に選択し、決断をしたらよいかがわからないからです。

それを解消してくれるのが、「決断コアシステム」。

これは、**「人が決断するときに、無意識に決断に大きな影響を与える「決断の核」を、脳が機能的に使いやすくするためのシステム**です。

そして、この「決断コアシステム」をつくるためには、まずあなたの脳内に散らばっている、決断するために大切な核となる部分の、「決断の核」を見つけ出すことが必要となってきます。

脳の決断
メカニズム

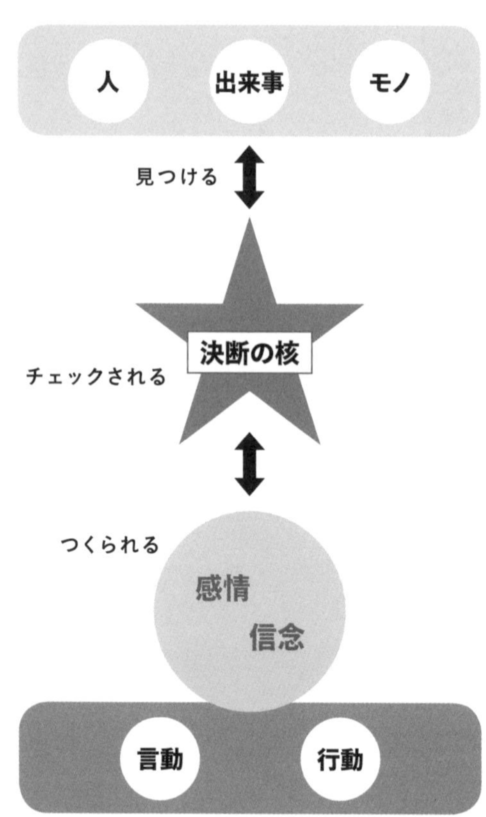

たとえば、わたしの場合、大きな仕事を依頼され、それを引き受けるかどうかを決断するとき、大切なものは「愛」です。だから、「愛」がある会社と仕事をすると自然とうまくいき、愛ではなく、わたしの「決断の核」として、脳の中にない「権力」や「効率」「節約」が大切な会社とは、なぜかうまくいきません。

だから「愛」が決断のキーワードとなり「決断の核」となります。

コワイ話になりますが、自分の「決断の核」を知らない状態で仕事をするとしましょう。

この場合、あなたの潜在意識の97%にある自分らしさは曖昧なままとなります。

図の★マークの「決断の核」の下につながる、「感情」や「信念」、「言動」「行動」も曖昧なまま。なんとなく仕事をすることになります。

その結果、仕事への充実感は生まれず、満たされることなく、なんとなくモヤモヤする、ネガティブな感情やストレスが加速する状態になってしまいます。

脳のエネルギー

ビジネス成果を左右する〔感情〕と〔信念〕

感情 =（気分・気持ち）

イライラ・わくわく

怒り

喜び

悲しみ

楽しみ

恐れ

充実

傷心

癒し

罪悪感

高揚感

信念 =（考え・思い込み）

脳の使い方
自分ルール

「わたしはできない」

「わたしだからできる」

「わたしは価値がない」

「わたしはいるだけで最強!」

「〇〇がないから嫌いだ」

「〇〇があるから好きだ」

わかりやすくいうと、**「決断の核」は、あなたの仕事における「感情」「信念」をつくり、さらに行動や言動をつくり出す脳の司令塔の「超超大ボス」なのです。**

そこで、今から一緒に、脳の司令塔の超超大ボスである「決断の核」を、脳内から見つけ出し整理して、「決断」しやすい脳へと覚醒していきましょう。

まずは、「脳内検索ワーク」で、あなたの「決断の核」を明確にしていきますね。

脳内検索ワーク

あなたの今の
ビジネスステージで
大切なものを見つけよう!

ex. 会社で大きな仕事を依頼された

私の「仕事」において大切なものって何ですか?

愛	お金
感謝	生産性
信頼関係	感情
楽しさ	強運気質
面白さ	わたしを大切にしてくれる人
美しさ	一緒にいて安心できる人
情熱	前向きな人
人気	安定感
時間	最高な幸せ感

*思いついた単語を、そのまま書き出してみてね

**これらすべてが
【決断の核】**

左ページの脳内検索ワークは、今のあなたのビジネスステージで「喜びの決断」をするために、潜在意識に潜り込んでいた、たくさんの「決断の核」。その中から、今の自分に必要で「大切なもの」、そして重要となる「決断の核」を見つけるワークです。

思いつくままに書き出してみましょう。

そうすることで、**潜在意識の中に眠って埋もれていた「決断の核」が「見える化」します。**

そして、このワークの質問を繰り返せば繰り返すほど、あなたが大切だと思い込んでいた偽物や建前ではない、本当に大切なあなただけの「決断の核」を見つけることができますよ。

2日目 3

たったこれだけでどんな圧がかかっても自分らしく突き進める

先ほどの「仕事において、大切なものは何か？」という質問で思いつく言葉は、あなたにとってすべてポジティブ＆大切で興味のある、重要な「決断の核」でした。

脳内検索ワークでは、それを「わかりやすく見える化」する意図がありました。

次に、この書き出したあなたの「決断の核」を、日々の仕事の中でも使いやすいランキング形式で整理整頓していきます。

SNSやテレビ・雑誌でも、「○○ランキング」が多いのは、脳が一発でわかりやすく理解できるからです。

そこで、たとえどんな緊急事態でも、どんな圧がかかったとしても、いつでもどこでもあなたらしく満足できる「決断の核」を、一層「現場で使いやすくするために」いつでも脳の中にランキング順にわかりやすくならべておく。

そうすることで、**「わたしは『決断の核』ランキング上位１位でないことはしない」と決断することができるようになります。**

また、「『決断の核』ランキング上位１～３位すべてがあったら転職する」など、人生においても大きなターニングポイントとなるような重要な決断のとき。そんなときでも、スマートに「決断力」を発揮できるようになり、後悔しない道を自分で毎回選べるようになれます。

この「ランキングワーク」で、自分にとって大切なものを明らかにしながら、「決断力」を研ぎ澄ますことで、あなただけの「決断コアシステム」が完成します。

ランキングワーク

直感で！　素早く！
つくっていこう！

順位をつけて、ならべてみましょう

ex.

1	愛	11	感情
2	最高な幸せ感	12	楽しさ
3	感謝	13	面白さ
4	美しさ	14	お金
5	強運気質	15	時間
6	情熱	16	信頼関係
7	わたしを大切にしてくれる人	17	人気
8	安定感	18	生産性
9	前向きな人	19	
10	一緒にいて安心できる人	20	

あなたの【決断コアシステム】完成

少なくても10個以上は出してみよう！
もっと書き出せた方は、最後までランキング付けしてね

相手にも使える！納得の決断力！「脳内確信度ワーク」

ここまでで、「決断力」を覚醒する「決断コアシステム」は完成しているのですが、今からもう1つワークをやっていきましょう。

ランキングワークの成果を確認し、脳に深く今やったことを覚えさせる方法の1つに、「脳内確信度ワーク」があります。

これは、ランキングワークの最下位とランキング上位のものをあげることで、決断する際の指針となります。

そしてその決断をしたとき、脳で感じる感覚が、

「違和感なく気持ちいいか？　自分と一致しているか？」

を知ることで、

「決断するときは、必ず『決断コアシステム』を思い出し使えばうまくいく」

ということを、脳に深く覚えさせていきましょう。

脳内確信度ワーク

自分が決断したいことが自然とわかる!

決断コアシステム

A 最下位

ex.
16　信頼関係
17　人気
18　生産性

B ランキング上位

1　愛
2　最高な幸せ感
3　感謝

相手から提案された仕事について

A

提案された仕事(商品)には【　**生産性**　】があります。
さらに、【　**人気**　】も、【　**信頼関係**　】も得られます。

B

提案された仕事(商品)には【　**愛**　】があります。
さらに、【　**最高な幸せ感**　】も、【　**感謝**　】も得られます。

「あなたは、AとB、どちらの仕事をやりたいですか?商品を買い付けたいですか?」

左のカードは、提案された仕事（商品）に対しての例ですが、おそらく「決断コアシステム」の、Aの最下位を会話に活用した仕事や商品よりも、Bのランキング上位を会話に活用した仕事や商品のほうが、すぐに「やりたい！」「ほしい」と、決断できたのではないでしょうか？

今回は「脳内確信度ワーク」なので仮想の話でお伝えしましたが、**自分以外のお客様や一緒に働く方の「決断力」を刺激して、「実行する」や「購入する」という方向へ持っていくことにも使えます。**

メンタルビジネススクール™の営業セールスやプレゼン講座後のアンケートでも、
「自分にもお客様にも**『決断の核』があることを知ってからお互い満足のできるセールス提案ができるので、前は振り向きもしなかったお客様が購入という決断をしてくれるようになりました」**
といった声もいただいております。

いつでも「決断コアシステム」が整っていることが、自然とラクに「決断力」を覚醒する結果へと導きます。

あなたの脳が、体験・経験を積み重ねて成長すれば、「決断コアシステム」も同じく成長し進化していきます。

わたしも1ヶ月に1度はこのワークシートを使って、
「ランキングの入れ替えはないかな？」
「新しい『決断の核』のキーワードが増えないかな？」
とワクワクしながらワークシートをアップグレードしています。

あなたも、何か大きな変化や決断をする前は、必ずこのワークに戻って、アップデートしてください。

なお、「『決断力』を覚醒」するまでの道のりを、先ほどの「仕事」の例を元にまとめましたのでご覧ください。
「決断」までの流れは以下となります。

①例：会社で大きな仕事を依頼された＝〔状況〕
②それを引き受けるかどうか決断するとき
＝〔決断という行動をするとき〕

③「仕事において大切なものは何か？」
＝たくさんある「決断の核」の中から、重要な「決断の核」を導き出す質問
この（質問）をすることで、
→脳内に散りばめられた「決断の核」から、今、重要な「決断の核」がピックアップされる＝あなたの今のステージに「重要」で「喜びの感情を満たす決断」をさせるための、決断ポイントや決断キーワードである「決断の核」が炙り出される
④愛や感謝
＝「決断の核」の中から炙り出されたキーワードの2つ
あなたの今のステージに【重要】で【喜びの感情を満たす決断】させる「決断の核」の数々を（質問）で刺激して見つけることができた。さらに最新のランキング付けされた上位1位2位3位は、
＝決断するうえで最重要な自分の指針となる
脳内にたくさんある「決断の核」の数々から導き出された、あなたの今のステージに「重要」で「喜びの感情を満たす決断」させる「決断の核」と、目の前に依頼された仕事を照らし合わせる

⑤結果
＝愛や感謝がある会社と仕事することを、決断をする
→これが、「決断力」を覚醒させたときの「決断のプロセス」
⑥発展
＝そうすることで喜びの感情や多幸感が生まれる（感情）
「そういった会社と仕事ができる自分は強運だ、いつも幸せな働き方ができる人だ」というように信念が生まれる（信念）→感情と信念

より「本当の核」を見つけるには、思いついたことを、直感で素早く書くこと。

そうすることで「決断力」はさらに速く覚醒していきます。

3日目

集中デキナイ脳から「集中力」を覚醒する

「先生、最近、昔より集中力がなくなった感じがして気になっています。集中力をアップさせるには、どうすればいいですか？」

「急いだほうがいいのもわかっているのに、アレもコレも考えてしまって、集中できる時間がないです」

等々、**「集中力」は、かなりの頻度で話題に上がるお悩み**です。

彼らが「集中力」に注目するのは、集中力がアップすれば、自動的に仕事のパフォーマンスが上がり、生産性も上がる、だから成果もアップすると自動的にイメージできるからでしょう。

そこで3日目では、「集中力」を覚醒する方法をお伝えしていきます！

成果が上がらないのは「ストップ催眠力」が原因

「集中力」をアップさせるには、瞑想や催眠療法などでもできますし、また、世の中にはいろいろなやり方がWEB上でも多くあります。

そのうえで、これからあなたと一緒におこなっていく「集中力」覚醒の穴埋めカードゲームでは、
「集中力」に関連するすべての瞑想や催眠療法、ワークを使いながら、根本的に覚醒できる方法をお伝えしていきますね。

わたしのクライアント様に、ある化粧品を扱う非常に優秀な企業のマネージャーがいらっしゃいます。

その方から、ある日、
「うちのチームの部下たちは、集中力がないのか、小さなミスが繰り返されて、本当に困っているんです。集中していればうまくいく仕事なのに……何かよい方法はあります

か？」

　という相談がありました。

　そこで、

「○○さん、チームの方々と話していますか？　まずは10分間でもかまいません。チーム全員１人ひとり個別面談して『悩み』を聞いてみたらどうでしょう？」

　とお答えしました。

　すると、

「自分は話すことはあまり得意じゃないんですけど、聞き役に徹してやってみます！」

　と、２週間後には、すべての方と個別面談をされ、１ヶ月後には、

「先生、不思議なんですけど、みんなの覇気が上がった」

　といった嬉しいご報告が！

　そこで、わたしは彼にこう説明しました。

「○○さん、冷静に考えてみると、これはとても単純なことなんですね。さまざまな経験を経てきた、管理職であるわたしたちでも、『悩み』があるときは、余計なことを考

えてしまいます。さらにそれに関連する悪い想像をして、余計どころか、無駄で生産性のない『妄想』をしてしまって……。この繰り返しで、脳が『悩み』に集中してフォーカスしてしまって、本当に集中したいものが見えなくなるので、『集中』できないんです」

「集中」できない根本原因、それは「悩み」です。

集中できないのは、**脳に「悩み」をつくり出す、素であるネガティブな「感情」や「信念」があるから。**

それが集中できない本当の原因です。

たとえば、「不安」や「心配」などの感情や、「『できない』というネガティブな思い込み」「自分を制限するマインドブロック」等の信念。

このような、**潜在的に解消できない「悩み」を脳内につくり出した結果、「集中力」が散漫になるわけです。**

そして、こういった「悩み」は、潜在意識97%に潜むあなたの「集中力」だけでなく、人生のさまざまな領域、仕事でも目標達成するための行動や言動、さらには望ましい現実が叶うことまでも、ストップさせてしまうのです。

この状態を「ストップ催眠力」といいます。

そこで、「集中力」を覚醒するための穴埋めカードゲームをおこなったところ、これが功を奏し、チームの「集中力」は上がり、実績もうなぎのぼりとなりました。

次ページからは、あなたの脳内から集中力を阻害する「悩み」の大モト、「ストップ催眠力」を見つける公式をご紹介しますね。

3日目 2

こんな「言葉の呪縛」にはまっていないか？

「ストップ催眠力」の見つけ方は簡単です。

「あ〜、もう20歳だから○○するべきですよね」
「IT業界だから、○○やるべきなんですよ」
「管理職だから、これはできて当然○○すべきですよね！」

男性だから、女性だから、仕事だから、この会社だから、この部署だから○○するべき○○やるべきと……。

知らぬ間にあなたも使っているかもしれない言葉。

「○○という行動＋べき」

といっている方たちを、コーチングセッションしているとき、わたしは、

「○○さん、また『べきべき君』と、『べき〜嬢（じょう）さま』になってますよ。語尾に〜するべきといっている内容は、○○さんの脳力をストップする**『ストップ催眠力』が出ちゃってますよ〜**」

とお伝えします。

「べきべきべきべき」を、いい続けている……。

すると「ストップ催眠力」が力を発揮し、本当はできることでも、できない状態になったり、本当はしたいことを潜在意識の中に隠してしまって、大切なものを大切にできない状態になってしまいます。

結果、脳は、**あなたの本領が発揮できない状態を気づいてほしくて、スッキリしないモヤモヤな気持ちを残したまま、あなたを「悩ませる」ようになり、ますます集中できなくなってしまうわけ**です。

しかし、ヒプノティックパワー® の穴埋めゲームを使って、潜在意識レベルで原因を探していくと、意外と簡単にあなたの集中力を邪魔する根本原因である「言葉の呪縛」、「ストップ催眠力」を解除できます。

これをおこなうと、集中力を邪魔する「脳の邪魔者」が、自分の欲求や本音を満たす、「ごきげん催眠力」へとどんどん変わるので、気持ちよく目の前のことに集中することができます。

やり方は簡単。

❶のカード(103P)、集中力を邪魔する「ストップ催眠力」の発見隊ワークで、あなたの潜在意識の底から湧き上がる口グセチェックしてみましょう。

べきべき君・べきべき〜嬢さまたちがお好きな危険ワードをチェックしてくださいね。

これらは、すべて、知らぬ間に、あなたの望ましい現実が叶うことや、本当はほしいものを手に入れることを、「ストップしなさい」と脳に命令する、「ストップ催眠力」です。

本当は望んでいることやほしいものを、脳の深い部分に隠してしまう言葉の呪縛、「ストップ催眠力」。

本音で生きていないご主人様に対して、脳は心配して、ご主人様であるあなたを「悩ませる」ことで、気づかせて修正させようとしているのです。

この「集中できないメカニズム」があったから、何をはじめても集中力が続かなかったことに、まずは気づいていくことが最初の一歩です。

解除ワーク

ストップ催眠力の発見隊になる！

べきべき君・べきべき～嬢さまのお好きな危険ワードをチェックしよう！

【　　　】べき

ex. みんな忙しそうだから、新しい仕事を依頼しないべき

【　　　】しなければ（しないといけない）

リーダーになったということは、
遅い時間まで、職場にいるようにしなければいけない

【　　　】が、普通

新人なので「会議でいいたいことを発言しない」が普通

【　　　】が、当たり前

「まだ入社３年目だから、社長に意見しない」が、当たり前

絶対、【　　　】

絶対、お金に困っているお客様には売れないから、
セールスしても意味がない

必ず、【　　　】

必ず、プレゼンするときは、台本どおりに進めないと、うまくいかない

いつも、【　　　】

いつも、話をするとき緊張してうまく話せない

誰でも、【　　　】

誰でも、入社１年目にリーダーになるのは難しい

3日目 3

「変換システム」があなたの生産力をUPさせる

次に、「ごきげん催眠力」を引き出す方法をお伝えします。

「ごきげん催眠力」とは、「集中力」が覚醒する催眠です。
以下がそのやり方となります。

まずは、自分の思っていた「〜するべきこと」を書いたうえで、「本当は何をしたいのか？ 本当に望んでいることは何なのか？」の質問を5回以上してください。

「それは、あなたが本当に本当にほしいものを素直に、わかりやすく表現されていますか？」と質問しながら穴埋めカードに書いてみましょう。

たとえば、こんな質問をしてみましょう。
「あなたが、本当に本当にほしいものは？」
「あなたが、本当に本当におこってほしいことは？」

と質問し、下の大きな枠に自由に、

・本当は、こうしたい！
・できないと思ったけれど、他の誰かはできていた！
　つまり、わたしにもできるから、アレもコレもそれもしたい！　できる！

などを、書き出してみましょう。
「あなたが本当にしたいこと？　求めているものかな？」

さらに、
「これって、誰もが思う真実ですか？」
「もしかして、あなたらしくラクにワクワク楽しくできる方法を知らなかっただけなんじゃないかな？」
「本当にしたいこと、本当に望んでることは何ですか？」
と、問いかけながら書き出してみてください。

解除ワーク

収穫した「ストップ催眠力」を解除せよ！ 1

ストップ催眠力

ex.

みんな忙しそうだから新しい仕事を依頼しない べき

「この発言、口癖は本音ですか？」

「本当にしたいこと、本当に望んでることは何？」

本当は自分の仕事が手一杯だから、周りのみんなに手伝ってほしい

ごきげん催眠力

周りのみんなに、いつでもどんなときも、気楽に、新しい仕事を依頼します

解除ワーク

収穫した「ストップ催眠力」を解除せよ！ ②

ストップ催眠力

ex.
リーダーになった、ということは、遅い時間まで職場にいるように

しなければ
（しないといけない）

「この発言、口癖は本音ですか？」

「本当にしたいこと、本当に望んでることは何？」

本当は今までどおり帰りたい。リーダー＝遅い時間の社風を、次の後輩たちのために変えたい。時間どおりに仕事を終えて、早い時間に帰りたい

ごきげん催眠力

リーダーだからこそ、みんなで気持ちよく時間どおりに仕事を終え早い時間に帰れるチームワークをゲーム感覚で楽しみます

解除ワーク

収穫した「ストップ催眠力」を解除せよ！ ③

ストップ催眠力

ex.

新人なので、会議でいいたいことを発言しないこと

が、普通

「この発言、口癖は本音ですか？」

「本当にしたいこと、本当に望んでることは何？」

新人だけど気づいたことは、みんなにいったほうが、いいヒントになることもあるはず！　役に立ちたいので、いいたいのガマンする会議は辛い

ごきげん催眠力

もっと気楽に、新人という、フレッシュな切り口で、発言しチームに貢献します

解除ワーク

収穫した「ストップ催眠力」を解除せよ！　4

ストップ催眠力

ex.
まだ入社3年目だから社長に意見しないこと

が、当たり前

「この発言、口癖は本音ですか？」

「本当にしたいこと、本当に望んでることは何？」

近い将来、管理職に出世したいので、社長の思いや考えを聞いて、自分の考えに対して、どう思うのかアドバイスがほしい

ごきげん催眠力

社長と気楽に話せるくらい、仕事の成果がアップするアイデアが、いつも浮かび行動力もアップします

解除ワーク

収穫した「ストップ催眠力」を解除せよ！ 5

ストップ催眠力

絶対、必ず、
いつも、
誰でも、

ex.
お金に困っているお客様には売れないので、セールスしても意味がない

「この発言、口癖は本音ですか？」

「本当にしたいこと、本当に望んでることは何？」

売れる売れない関係なく、お客様に提案できる人になりたい。プロフェッショナルとしてお客様と交流したい。もしかして、あの先輩のように、倒産後に復活した会社の家族から契約がもらえるかも？

ごきげん催眠力

お金あるない等は関係なく、プロフェッショナルとしてお客様との交流を楽しめ気分上々です！

いかがでしょう。

これらをおこなうことで、余計な考えや悩みに脳のエネルギーを使った結果、脳が散漫になり「集中力」が阻害されていたことに気づきます。

と、**同時に「悩み」の根本原因がなくなり、気分がアップし集中力が覚醒します。**

本当は、「たくさんのことを手に入れたかった」自分を許すことで、あなたの脳の中にある本音や本当の欲求を、無視しないようになります。
そして、**本来のあなたの潜在脳力が容易に使えるようになり、集中力が加速します。**

さらに、**「ごきげん催眠力」と変えることで、失っていたあなたらしさを発揮でき「生産力」もアップします！**

さて、あなたの脳内が、「ごきげん催眠力」に覚醒できたところで、4日目では、「脳の寄り道をなくす目標設定」で、今度は「達成力」を覚醒しましょう！

これらは「集中力」も安定させる効果もあるのでお楽しみに！

4日目

達成
デキナイ脳から
「達成力」を
覚醒する

「いつも途中であきらめてしまう」
「1度の失敗でチャレンジする気力がなくなった」
「やりたいことはあるのに、先延ばし」

「達成できる気がしているし、会社で達成したほうがいいのはわかっているけれど、毎回毎回、会社で達成目標は？ と聞かれると困ってしまう」

「怒られるかもしれないけれど、本音のところ、どんなに真剣に考えても、わたしには夢も目標も、じつはないんです」

というクライアント様は、全体の30％くらいいらっしゃいます。

そんなお悩みが、まるっと解決できて、**「達成力」を覚醒させるワーク**を、4日目ではお伝えしていきましょう。

達成したいのに それを「邪魔する」のは 何？

あるとき、弊社のメンタルビジネススクール™に通うIT会社経営者様が、

「会社の主要メンバー全員で、他社のコーチングをいろいろ受けていたのですが、**何回やっても完成までやり続けることができないメンバーもいるんですよね。コーチングって効果あるんですかね？**」

とつぶやかれました。

また、航空会社勤務のスタッフたちは、

「いつも社内で売っている商品が、目標個数の達成の目途が立ち、『やった！』と思った瞬間、気が緩むんですかね？何かしらのトラブルがおきて、**直前で達成できない結果になってしまうんです。何かいい方法はありますか？**」

と、ためいきまじりで、こういいました。

これは、よくある質問です。

では、**なぜコーチングを受けても、目標を達成できないのか？**

なぜ、夢が叶うよいところまでいっても、直前でうまくいかないのでしょうか？

それは、
「わたしの達成したいことは『これ』だから、私の潜在意識、よろしくね！」
ということが、脳の潜在レベルまで、届けられていないからです。

要は、達成するまでの道のりで、少しでもトラブルや、ネガティブな感情を抱くような、言葉や出来事に出会ってしまうと、目標達成までのプロセスが、「ごちゃごちゃに散らかってしまう」状態なのですね。

さらに、コーチングだけでは消し去れない頑固さや、わかってるけれど、やめられない悪習慣も残っているからです。

でも心配ご無用です。

今からあなたが自分の目標を、ワクワク楽しいデザイナーになったつもりで、
「ゴールデザイン」をして、目標達成できる脳力を開発していきましょう！

「ゴールデザイン」とは、
「手に入れたい目標や現実化したい夢やゴール、ほしいモノやコト、状態といった、『達成するために必要な全体情報』を、さまざまな方向性の質問を投げかけながら、時間をかけて明確にする」
ことです。

そこで、まずは、初心者でも簡単に思い描くことができる、目標や夢をあらわす「穴埋めカード」を使いながらおこなっていきましょう。

「達成力」は、達成したいものがなければ、始まらないので、目標や夢って苦手だと思っている人も、思いつくまま穴埋めしてみてください。

そのうえで、脳に直接影響を与える「言葉の使い方」や、ヒプノティックパワー®の簡単な法則を使いながら、達成力をアップしていきましょう。

4日目 2

日本人向け「ゴールデザイン」で目標が連鎖的に達成できる

「目標達成しやすくする構成要素」とは、目標を達成へと導くための視覚・聴覚・体感覚や、数字データ・プロセスなどを脳に命令する言葉です。

海外の実践心理学を使ったカウンセリングやコーチング・セラピーを教える先生が来日した際、わたしはそこで学んだものを、自分に汎用していました。

そして、

・この順番のほうがやりやすいな
・日本人には、この質問、わかりにくいからいい換えよう
・この質問を入れたほうがいいかも！

と、わたしと同じ繊細な日本人向けにグレードアップしていくうちに、これからご紹介する、「脳内デザイナーに

なって自分の夢や目標をデザイン」する、「ゴールデザインのワーク」が完成しました。

わたし自身、「ゴールデザイン」をつくることで、収入は10倍となり、人とのつながりもどんどんひろがり、次々と新しい事業が拡大しています。

「達成力」を覚醒する脳のクセがついているから、次から次へと連鎖的に目標達成していくんですね。

あなたも脳内デザイナーとして、「達成力」を覚醒するゲームの主役としてお迎えします！

ゲームプレイヤーとして楽しくジョインしていきましょう。

4日目 3

「SMART」で脳の寄り道が防げるようになる

「ゴールデザイン」ゲームをしていただく前に、知っておくと便利な、目標達成・夢を叶えるうえで、大活躍するシステムについて触れておきます。

仕事をはじめ、すべてのあなたの目標や夢……。

未来の望ましい状態や環境、ほしいものや、出会いたい人を手に入れるときに、重要なお役目を果たしているのが「脳内ナビゲーションシステム」です。

その名を「ラスちゃん」と申します！

フルネームは、Reticular Activating System

(リティキュラ アクティベイティング システム)。

頭文字をとって**RAS(ラス)、日本名：毛様体賦活系（もうようたいふかつけい）といいます。**

社内コーチングや、夢を叶えるためのさまざまな研修。

これらは、じつは、ちゃんと「目標が叶いやすくなる」

道筋を、あらゆる方向から見て・聞いて・感じながら、脳に命令していく言葉を、最大限に導き出していく時間なのですよね。

研修ではなくても、社内で「次回の定例会までに、具体的な目標と、それに関連する数字を必ず持ってきてください」ということは、よくありますよね。

これらも、じつは、脳内ナビゲーションシステム、ラスちゃんをうまく活用できるよう、脳を刺激するためにおこなわれています。

「上司がいちいち、目標や数字を設定しようってうるさいな〜！」

と思われていた方もいらっしゃることでしょう。

そう感じてしまうのは、そこにある真意がわからないから。だからストレスを感じてしまうんですよね。

脳にとっても、進む道があいまいで、設定されない暗闇で毎日働くことは、脳自体の無駄遣いとなり、大きなストレスになります。

ちなみに男性は「達成力」を安定させると、男性ホルモンのテストステロンが安定し、鬱々したり不安などのストレスケアにもなります。

さて、そもそも、わたしたちが目標を達成できないのは、脳の寄り道が多いことが、大きな原因です。

「これを達成する！」と決めたにもかかわらず、「できないかもしれない」「やっぱり、わたしには無理だ！」と思ってしまう……。

あなたも、こんな体験はありませんか？

これらは、すべて脳の寄り道。

そこで、寄り道できないように、「脳内ナビゲーションシステム」を設定する最短最速の方法が、「ゴールデザイン」からの、「脳内LOVEレター」という流れです。

潜在意識にググッとインストールしていきましょう！

では、まず、125Pの「SMART」チェックシートに書き込みながら、ゴールデザインを明確にしていきましょう。

SMARTには、ゴールを達成しやすくするチェックポイントが5つあります。

①SはSpecific→ゴールを具体的に明確にする
②MはMeasurable→達成したゴールを数字であらわす
③AはAs if now→達成した瞬間を想像する
④RはResponsible→そのゴールが自分主役でおこなっているかを考える
⑤TはTimed→そのゴールの達成日を脳に教える

それでは、次のカードを使いながら、書き込んでいきましょう。

なお、このSMARTゴールは、メンタルビジネススクール™に通われ、MBAを取得している生徒さんからも、「MBAとはまた違った使い方で、現場でも使いやすいですね」と好評だったものですので、ぜひ、お試しください。

ゴールデザインワーク

すべてをスマートにGETせよ!
達成力を覚醒する ゴールデザインチェックリスト

S	**Specific** そのゴール ▶「具体的で、明確ですか?」
M	**Measurable** そのゴールを達成したことがわかるように ▶「そのゴールが達成したと、計ることができますか?」
A	**As if now** そのゴールを達成した時を想像してみて♪ ▶「今まさに、そのゴールを達成したかのような表現で!」
R	**Responsible** ▶「あなたが主役になって、責任もって実現したくなる内容ですか?　もっとワクワクラクに楽しくやれる内容にするにはどんなことをしますか?」
T	**Timed** そのゴールの達成日を脳に教えてあげよう! ▶「そのゴールには、明確な達成期限がありますか?」

ゴールデザインワーク

1 Specific（スペシフィック）具体的に明確に

そのゴール

▼

「具体的で、明確ですか？」

ex.

今期の営業成績、社内トップで、社長賞！

- 表彰されハワイに招待される。
  賞金も、もらえてご満悦。

（目標を達成したら、さらに得られるいろいろは？）

- さらに自信が湧いてくる
- 「来年も目指しちゃうかも」と、やる気が湧いてくる

- お客様との信頼関係がさらに築かれ仕事が楽しくなる
- 話を聞いてくれなかったチームメンバーに、堂々と話をして提案が通りやすくなって、スピーディーに、仕事を進めやすくなる

- 家族でディズニー旅行3日間
- 通いたかったビジネススクールのお金も余裕で支払える

ゴールデザインワーク

② Measurable（メジャラブル）測定可能な

そのゴール達成したことがわかるように

▼

「そのゴールが達成したと、
計ることができますか？」

ゴールが達成したと確信できる情報は

ex.

- 社内の掲示板にある、8億円、突破の数字
- 本社に報告する週報に記入する金額の数字が6桁から8桁と記入する数字の数が、日々、変わっているのを見てわかる

売上、800,000,000円（8億円・9桁）
目標金額（具体的な数字）

ゴールデザインワーク

3 As if now（アズ イフ ナウ）ゴールを達成したまさに今！

そのゴールを達成したときを想像してみて♪

▼

「今まさにそのゴールを達成したかのような表現で！」

【達成したとき、何が見え、聞こえ、感じるかな？】

▶「それを手に入れたとき、あなたは何が見えますか？」

ex.

- お客様の笑顔、社長の驚く顔、チームメンバーの喜んでくれる姿

▶「何が聞こえますか？」

- 「おめでとう。すごいですね」というお客様や社内の声
- 「わたし、最強！」と自分の心の声、大好きな音楽が流れている

▶「何を感じますか？」

- 単純に嬉しい、ますますやれる気がした、ワクワク感
- 前よりも仕事が気楽なものになっている

ゴールデザインワーク

4 Responsible（レスポンシブル）自分が主役で責任を果たす

あらためて、考えてみて！
そのゴールは
▼
「あなたが主役になって責任もって実現したくなる内容ですか？　もっとワクワク、ラクに楽しく達成率を上げるにはどんなことをしますか？」

自分【あなたのフルネーム】が、主役！
＋
（具体的に。一緒に関わる方の名前とわかれば役割なども書こう！）
ex.
チームメンバー①岡田さん②石川さん③山田さん
に、協力を求めながらワイワイ楽しくやれたら嬉しい！

（具体的に、達成までにやることを書こう！）

- 営業数：今までの２倍に増やす
- 戦略会議：週１回
- 営業資料パンフレットをわかりやすく改善
- 最新情報を丁寧に共有して

ゴールデザインワーク

5 Timed（タイムド）指定時刻に作動させる

そのゴールの達成日を
脳に教えてあげよう！
▼
「そのゴールには明確な
達成期限がありますか？」

（具体的な日にちを書こう！）

今年〇〇〇〇年〇〇月〇〇日までに

ex.

年内、2023年12月28日までに

「達成力」を覚醒させる「脳内LOVEレター」

いかがでしょう？

あながのゴールデザインは、具体的になってきましたか？

では、ここから「ゴールデザイン」をとおしてわかった、達成したいことを、脳に直接届けていきましょう。

その名も**あなただけの「達成力」を覚醒する自己暗示文＝「脳内LOVEレター」**。

目標達成までのゴールデザインの流れを、Viog（夢達成ルーティーン）という感じで実況中継するというイメージです。

先ほど書き出したものをもとに、はじめのシーンから→2→クライマックスまで、詳細な数字を含む行動や、言動プロセスと行動プロセスを、順序正しくならべていきましょう。

脳の寄り道をなくし
スマートにゴールを達成する

達成力を覚醒する
脳内LOVEレターのつくり方

ストーリー系

（自己暗示文）

詳細な数字を含む行動や言動プロセス

最初から最後まで順番に

初めのシーンから→2→クライマックスまで
行動プロセスを順序、正しくならべる♪

脳が道草しないようにするため、
催眠の暗示文で達成プロセスを、
あえて脳内に正しく言語化し、インストールするかがポイント

ならべるだけで、「脳内ラブレター」は完成です。
ぜひ声に出して読んでくださいね。
読んでいるうちに達成を先取りし、達成力を加速させる感情、喜びの感情も湧き上がる内容になります。

たとえば、
「目標を達成すると決めたわたしは、いつもより1時間早い7時に、目覚めました。おきたらすぐに『ありがとう』と今日の自分、関わるすべての人・自然・宇宙・未来に感謝しています」

「会社までの道のりは、『今日もどんな素敵な出会いがあるんだろう』とワクワクしながら歩いて気分がいいです」

という感じで、「この場所・シーン」では、どんな行動をして、どんな「気分」なのかをいってみてくださいね。

「脳内LOVEレター」をつくるうえで、大切なことがあります。
まずは、**ゴールデザインで出た内容や達成したいことが、「おこってほしいこと」だけになっているかをチェッ**

クする。

そして、それらを繰り返し強調すること。

3つ目は、**語尾は「現在形・進行形」にするということです。**

・〇〇です。〇〇ます。
・今まさに 〇〇してます。
・〜と思いながら気持ちよく〇〇しているようです。

このような形でつくっていきましょう。

語尾を未完了の現在形・進行形にすることで、達成までに足りないことがあれば、それを気づかせてくれる作用があり、最短最速であなたを「達成」へと導きます。

「失敗」を招く管理職、社員に「豊かさ」をもたらす社長たち

「脳内LOVEレター」がさらに効果を発揮するヒントをここでお伝えいたしましょう。

先ほど、書くのは、「おこってほしいことだけ」とお話ししましたが、それは、

あなたの脳は、あなたが思っている以上に素直でお利口さんだからです。

ある不動産会社の管理職の方は、次は絶対うまくやりたい「成功したい」がために、「2度と失敗したくないんですよ！……」といいました。

しかも、「失敗がね、失敗で、失敗、失敗、失敗」と50分間の研修の半分以上を「失敗」にフォーカスして口にしていました。

脳は、基本的に、否定の「ない」&肯定の「ある」より

も、「その前にくる言葉」のみを脳が受け取り、否定肯定関係なく、そのまま現実化するプログラミングがおこなわれてしまいます。

この管理職の方の例でいうと、

否定：失敗しない
肯定：失敗する

こうなると、**どちらのいい方も「失敗してください！」ということを脳は命令されたと思い、脳は持ち主であるご主人様に、「オーダー！ 失敗」、「失敗させてほしいんですね！ ラジャー！ 了解です！」**

という具合で、はりきって「『失敗』をおこすための、あなたの脳内の今までの情報データーベース」を検索し、美しいくらい、キレイに「失敗」の状況を現実化してくれます。
本当は失敗したくない＝成功したいのに……。

ですから、わたしたちは、

「おこってほしいことだけを言語化する」。

これだけを注意しておけば、自分の思いどおりの仕事ができ、自分が望む環境や部署で、自分が望む結果をもたらすことができます。

ちなみに、この場合は、「失敗」したくない＝うまくやりたい「成功」がほしいわけですから、遠慮なく望ましい現実化したいことや「成功・うまくやる」という言葉を素直に使っていけばいいのです！

わたしのところに来ている、経営者のみなさまの中で、すでに満足されて豊かに成功されている方は、こういいます。

「わたしはすべてやりたいことは叶えてきたし、社員たちのおかげで、『豊かな生活』が送れるほど、十分すぎる給料も毎月出せている。だからこれ以上、豊かさをもとめたり、金持ちにならなくてもいいんです」

このような経営者の方たちは、総じて年々、会社の業績が伸びて、**さらにこれ以上の「豊かさ」で「豊かな生活」と「お金持ち」になっています。**

面白いですよね。

ちょっとした「言葉選び」と「脳の使い方」だけなのですから……。

ぜひ、あなたもお試しください。

次ページに「脳内ラブレター」をつくるときの重要なポイントを３つまとめました。

書き出した言葉を時々見直し、必要に応じて書き換えながら、「脳内ラブレター」をアップグレードさせてくださいね。

脳内LOVEレターを つくるときの3つのポイント

ゴールデザインで書いた言葉を
チェックしよう

1 おこってほしいことだけを言語化する

2 おこってほしいことを繰り返し・強調する

3 語尾は現在形・進行形にする

- ○○です。○○ます。
- 今まさに○○しています。
- ～と思いながら

4日目 6

「催眠ボイス」で脳に要望を直接届ける

ここまでお読みになられて、「な〜んだ、自由に、好きなものを繰り返し連呼するだけで、脳に簡単に影響を与えることができるんですね！」

と思われた方も、多いのではないでしょうか。

そのうえで、もう1つ大きな成果の違いを導き出すのが、**「脳内LOVEレター」の読み方と声の使い方にあります。**

読み上げて脳に届けるとき、録音するときの注意点を、図にまとめたのでご覧ください。

わたしのような、これを専門としている者でも、自分の気分が揺らいでいたり、地に足がついていないときに録音した声は、不安定だったり、わずかに高めの声になっていたりします。

知らぬ間に、語尾を伸ばして脳に届きにくい声で、「脳内LOVEレター」を読んでいることもあります。

潜在意識のどこかで、調子がよくないときだとわかるので、内容が入ってこないことを何度も体験しています。

せっかくつくった脳内LOVEレターは声も大切！

これも覚えておいてくださいね。

催眠ボイス

読むときのポイント

脳が安心して信頼する
催眠ボイスの特徴

①低めの声
②語尾を下げて
③語尾を止めるイメージで

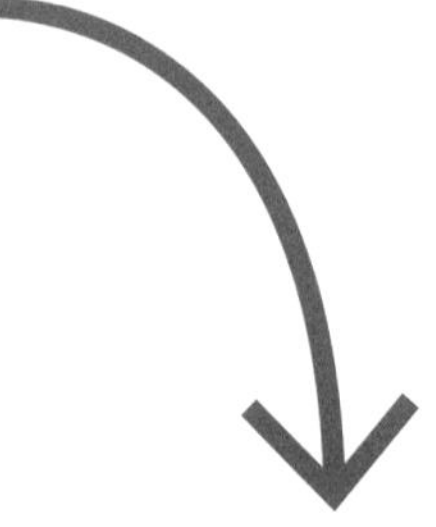

4日目 7

トラブルも困難も乗り越えられるトリガーのワザ

4日目の最後に、「達成力」を劇的にアップさせるためのヒントを、もう1つだけお伝えいたしますね。

キーワードは、「感情」です。

「喜び、楽しい感情に満ち溢れ」「達成した爽快感を味わいながら」などを、「脳内LOVEレター」の文章の中に忍ばせるともっと効果が上がります。

- **込み上げた素敵な感情**
- **そこから浮かんだ自分への勇気づけの言葉**
- **メンター(憧れの理想の人)からの言葉や名言等々**

または、
「『達成』するためには、こんな気分だったら」
「こんな感情があったら、『達成』までのプロセスがやりやすいな〜」
というような内容を書き出して読むだけです。

たとえば、

「大丈夫、自分最強だから！　最強運の自分に感謝！　いつもありがとう。自分だからできる、ありがとう！」

「楽勝、万万歳〜！　今日も自分、キラメキすぎカッコよすぎ、楽しすぎるでしょ！」

「いつもスマートスムーズにできる自分に感謝感激です」

等々、「おこってほしい、ごきげんで楽しいこと」だけをならべて繰り返しいうだけでも十分です。

また、**トリガー（きっかけ）を加えた「ヒプノティックパワー®」のポイントをお話ししますね。**

わたしたちの行動や言動は、すべて何かのきっかけでおこしています。

たとえば、「○○した瞬間」に「達成するまでの力づけ」が湧いてくるという、「脳内LOVEレター」の使い方もおすすめです。

「呼吸をした瞬間」、いつでもどこでも最高のパフォーマンスのわたしになれる。

笑っても笑わなくても「口角を上げた瞬間」、最高のパフォーマンスのわたしになれる。

「両手をグーにした瞬間」、最高のパフォーマンスのわたしになれる。

といった具合です。

お子様にもわかりやすい言葉でいうと、
「○○ちゃんなら最後までうまくできるから、大丈夫だよ！」
という感覚を、脳が感じ取り、成功できるというまだ見ぬ未来を素直に受け入れられるようになるというイメージです。

でも、仕事をしていれば目標達成までに、さまざまな出来事があり、心ないことをいわれたり、思うように進まなくて、あきらめてしまいたくなるときも、あるかもしれません。

そのうえで、**あなたの脳の可能性しかない力を信じて、「脳内LOVEレター」で、目標達成までのストーリーをインストールし続けてみてください。**

クライアントさんからも、
「不思議だね。いつの間にか達成を邪魔することに関心がなくなって、気持ちよくゴールに集中できました」

「何かトラブルがあっても、わたしは『脳内LOVEレター』のとおり、うまくいくから大丈夫！と、**脳に教えているうちに、さらにうまくいくためのヒントをもらい、達成できた**」
という声も届いています。
楽しくラクにおこなってくださいね。

5日目

影響力
ナイナイ脳から「影響力」を覚醒する

「なぜ相手に伝わらないのか？」
「なぜ相手は自分の思ったように、動いてくれないのか？」

コーチング中での多くの悩みは人間関係についてです。

そんな人間関係を、みずからの手で、あなたらしく楽しくクリエイティブにデザインしていくのが、「影響力」です。

「相手とやりとりするのが憂鬱」
「ハラスメントになるかもしれないので、思うように注意もできない」

など、

「ハラスメントを利用した逆ハラスメント」

によって、適切なスタッフ教育ができないという、まじめで繊細で優秀な方も多くいらっしゃいます。

一方で、これからご紹介する方法をおこなうことで、相手にいいたいことをスムーズに、素直に伝えられる変化がおきます。

たとえば、いいにくいことを遠慮して相手にいっていたときよりも、相手から信頼され優秀な先輩だと思われるように……。

また、今までにない、信頼関係が築けるようになります。

これこそまさに、相手に影響を与える「影響力」。

「こんなに部下とのコミュニケーションが気楽なものになるんだったらもっと早く教えてほしかった！」

といわれるほど、研修の中でも満足度No.1で、研修依頼が一番多い内容です。

それではさっそく、上司・部下・同僚・お客様にも使える、「影響力」の基本について伝授していきます。

5日目 1

脳の門番「クリティカルファカルティ」を突破せよ！

1日目から4日目までは、主に「自分」に向けた脳覚醒をヒプノティックパワー®でおこなってきました。

5日目、6日目では、仕事における「相手」への「影響力」をプロファイリングと催眠の公式を使いながら、覚醒していきます。

まず、5日目では「影響力」基本編として、相手の顕在意識と潜在意識にある、「脳のフィルター」＝「クリティカルファカルティ」を分析する、「プロファイリング」の技術を身につけていきます。

そうすることで、**相手の性格や特徴をつかめるようになり、「この性格にはこんな言葉がけをすると効果的」ということがわかるようになってきます。**

そのうえで、相手の潜在意識に届けられる言葉がけを、紹介していきます。

そして6日目の応用編では、「ヒプノティックパワー®」の中にある、「催眠の公式」を使いながら、**相手の持っている個性や本質といったような、そもそも**相手の潜在意識にある情報を刺激して、使いやすくします。

これができるようになると、**あなたがやってほしいことを相手が行動してくれるような、「脳のシステム」へと並べ替えることができ、相手がラクに行動や言動を変えてくれるようになります。**

たとえ、こちらの欲求をいい続けたとしても、相手の元々脳の中にある「情報」や「得意」な部分を引き出すだけなので、相手も心地がよい状態です。

だから、「いったわたしのほうが、逆にキズつくよ〜」ということもなくなります。

今までのやり方で、ただただ相手に伝えたときよりも、大きな差を感じることができるのです。

それではさっそくはじめていきましょう。

業種を問わず、1社につき70%の人が、コーチング中に、「先生、愚痴っぽくなってしまってすみません……、**何**

度もいっているのですけど、本当に伝わらないんです」

という声や、

「部下に伝えたとき、よい返事をもらったんですけど、全然行動が変わらないので、**いうのも虚しくなって。**こっちは気分が落ち込むし、結局教えている意味がないのではないか」

という声を聞きます。

何度いっても、何度も伝えているけれど、相手の行動が変わらない……。

これは困りますよね。

じつはこれには、「脳の門番」が関係していたのです。

復習になりますが、脳には3%の「顕在意識」と97%の「潜在意識」がありましたよね。

その間には「脳のフィルター」＝「クリティカルファカルティ」という門番さんがいましたよね。

その門番さんのお役目（大活躍）のおかげで、伝えたのに「伝わらない」、聞いているのに「聞いてない」というコミュニケーションエラーが生じているのです。

一見、理解してもらえたと思っても、相手の潜在意識までは届いていないので、こういったことが、どうしてもおこってしまうのです。

では、どうしたらよいのか。
それには**「顕在意識」と「潜在意識」の間にある、「クリティカルファカルティ」という門番さんを通過し、潜在意識まで影響を与えて、相手の行動や言動を変えていくこと。**

つまり、それが「影響力」の覚醒となっていきます。

そこで、次項からは、覚醒のための土台づくりからはじめていきましょう。

潜在意識　97%すべてに影響力を与える方法

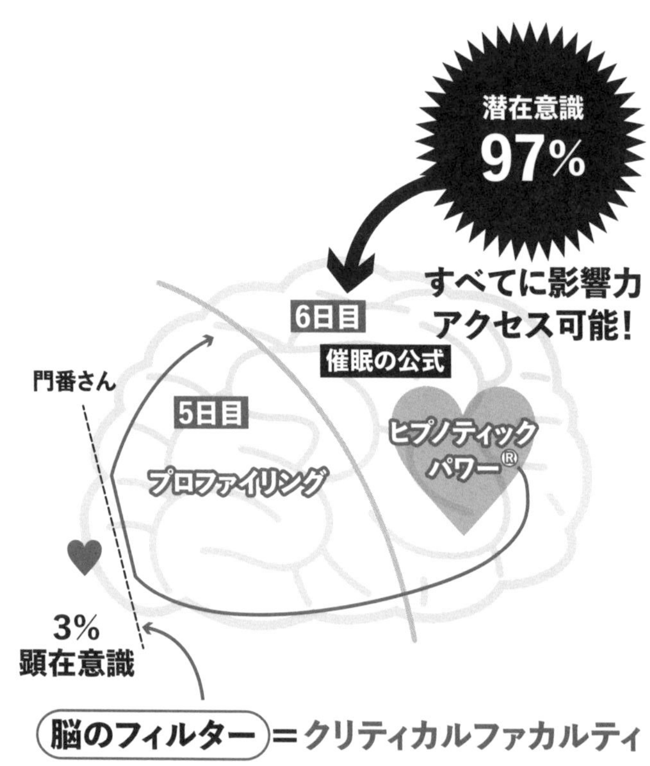

脳のフィルター＝クリティカルファカルティ

あらゆる人間関係も爽快に解決できるしくみ

ここからは、「影響力」が覚醒し、相手の行動が変わっていくための土台をつくっていきましょう。

結論からいってしまうと、相手に対して、
「ほめて・みとめて・感謝する」。

たったこれだけ、シンプルですよね。

でも、実際はほとんどの人ができていません。
「普段から、やっています」という方も、今一度、下記のチェックをあらためておこないましょう。

☑ほめて→周りの方の「できたこと」「それいいね」「嬉しい」「大好き」を当たり前に思って慣れすぎて、「よかったね 」と声をかけるどころか、知らぬ間にスルーしていないか？

☑みとめて→相手に対して、「すごいこと」「関心したこと」「尊敬したこと」に、妬んだり嫉妬せずに、「おめでとう」と祝福しているか？

☑感謝して→仕事だからやって当たり前とか、そんなチープな考え方はやめて、相手に対して「いてくれること」「やってくれていること」すべてに「ありがとう」といえているか？

いかがでしょう。
「あれ？　それって、1日目の『自信力』と同じ内容？」と思われている方は鋭い！
これは1日目のときに自分に向けた言葉を、今度は相手に対して向けるものです。

こんなことは普通すぎ、と思われた方もいることでしょう。

でも、これを実際におこなっている、**クライアント様の70％以上が、自分のチャレンジしたいやりたい部署へと異動でき、そのうちの8割は役職が「昇進」して、取締役**

や工場長、課長、係長、マネージャーとなっています。

コーチング記録を見ると、この3つを素直にやってこられた方ばかりです。

この土台をおさえていくことで、「自信力」のときと同様に、「影響力」が覚醒しはじめます。

あらゆる人間関係も爽快に解決できて、簡単に取り入れることができるものですので、まずはおこなってくださいね。

5日目 3

オリジナル「プロファイリング」で相手を知り相手を動かしていく

それでは、ここからいよいよ、相手を分析しプロファイリングすることで、相手の潜在意識まで届けられる方法を伝授していきます。

上司や部下、同僚等々、当然ですが、皆違う個性を持っていますよね。

たとえば、きちんと順序立てて物事を進行したい人や多少の困難にもくじけることなく進められる人、すぐにあきらめそうな人など、さまざまです。

プロファイリングカードとは、こういった現場（職場）あるあるで出会う人たちが、どんな脳の性質・性格・特徴・個性なのかを分析したうえで、どういった言葉がけや行動をしていったらよいのかを明らかにしていくもので、「ビジネス脳会話®」といいます。

カードは３つあります。

相手の「クリティカルファカルティの特徴」を理解し、その先にある、相手の本質が眠る潜在意識97%と上手にお付き合いするための3つのメカニズムのカードです。

1 DNAレベルの渇望のメカニズム→目標があるとやる気が上がる人、問題を避けるとモチベーションが上がる人のメカニズムカード

2 最善発見のメカニズム→まずは行動しながら考える人、頭の中でシミュレーションしてから行動する人のメカニズムカード

3 脳力開発する手順選択のメカニズム→常に何かいいアイデアがないかと頭をフル回転させている人、マニュアルがないと動けない人のメカニズムカード

ここでは、営業のチーム内での実例をあげながら説明していきましょう。

まずは、1「DNAレベルの渇望のメカニズム」のプロファイリングです。

こちらでは、想定する人が、162ページの図の上半分の

目標を達成したり、成果を得ることが積極的な脳の性質や個性を持った人なのか、それとも、下半分の、そういったことを回避したり、避けたい脳の性質や個性を持った人なのかを分析していきます。

これこそが、プロファイリングです。

次に、相手の**「クリティカルファカルティの特徴」**を理解したら、その特徴に合わせて「クリティカルファカルティ」の先にある、相手の本質が眠る、潜在意識97%と、上手にお付き合いするための言葉を使っていきます。**

ところで「親和言語」という言葉をご存知でしょうか？これは、〔親しく和やかにコミュニケーションする〕という言葉です。この親和言語を使いながら、相手の「クリティカルファカルティ」を通過し、相手に言葉を届けていくという流れです。

まず、162ページの左のカードで、相手をイメージしながらチェックをし、チェックの数が多いほうで、チェックしたものを、どのようにして解消したらよいのかを考えていきます。

そして、それぞれに適する右の「親和言語」をヒントに言葉がけをしていくことで、相手のクリティカルファカルティを突破していきます。

たとえば、

達成・得るさんは、

- 望ましい状態・ゴールを明確に！
- 利益・利点・取得できること
- 手に入れることができる

ということが大切な、「クリティカルファカルティ」を持っています。

一方で、

回避・避けるさんは、

- 現状の欠点・かけている部分を明確に！
- しないとおこるだろう困難を回避
- 難しい問題は取り除く

ということが大切な、「クリティカルファカルティ」を

特徴

1「DNAレベルの渇望のメカニズム」プロファイリング

□ゴールがわかりやすく、明確化されていたほうがやりやすい
□目標に向かって到達するためだったら、やろうと思う
□目の前のモノや人・体験で、何を得られるのか興味がある
□この行動で、具体的に何が達成できるのか気になる
□明確に達成したとわかる環境だと、気分がいいし、やろうと思う

▲

5個／　　個レベル

達成・得る

回避・避ける

□問題がわかりやすく明確化されていたほうがやりやすい
□問題を避けるためだったらやろうと思う
□目の前のモノや人・体験で、リスクを回避できるのか興味がある
□この行動で、自分が望まないことが、おこらないかどうかが気になる
□回避すべきリスクがわかる環境だと、不安もなく、やろうと思う

5個／　　個レベル

親和言語

「ビジネス脳会話®」のポイント

□望ましい状態・目的ゴールを明確に！

□利益・利点・取得できること

□手に入れることができる

達成・得る

回避・避ける

□現状の欠点・欠けている部分を明確に！

□しないとおこるだろう困難を回避

□難しい問題を取り除く

①その人をイメージしてチェックする
または、本人に聞けるなら、このチェックシートを見せチェックしてもらう（162P）
②チェックが多いほうの
脳会話のポイントカードを使って会話を進める（163P）

持っていますので、それに合った言葉がけをすることで、潜在意識を突破していきます。

ご参考までに、営業チームの場合の例をもとに、前頁のカードに基づいた答えをご紹介していきますね。

（達成・得るさん）

「目標は3ヶ月で3億5000万円の売上！　みんなで特別成果報酬を取りに行くぞ～！」

「この売り上げを達成したら、毎日早く帰れるし、月の給料アップだけでなくボーナスも上がる、そうしたら家族と行きたいといっていたシンガポールにも行けるし、最高！」

「○○くんの担当の売上がたった7％上がるだけで、○○くんがやりたかったプロジェクトのリーダーとして参加できるよ！」

（回避・避けるさん）

「なぜ今期の売上数字が下がったのか、報告・連絡・相談をしなかったことが、大きな問題だ」

「最悪、今回このまま売上が下がると、今までご愛顧いただいているお客様に、ご迷惑をかけて、クレームの嵐になるかもしれないぞ……」

「今回は今までと訳が違う難問かもしれない……。営業部は、難しい壁にぶち当たっていることを最初にお伝えしておく。だが、チームメンバー1人ひとりの声かけがこの難しい問題を取り除ける希望の道となる……」

こういった、脳の性質や個性にフォーカスした声がけをとおして、相手の潜在意識に働きかけられるようになるのです。

次は、②「最善発見のメカニズム」（168ページ）のプロファイリングについてです。

こちらは、まずは行動しながら考える人、または、頭の中でシミュレーションしてから行動する人なのかを、考えながらおこなっていきましょう。

即動く、即実行さんの場合は、

・とにかくスタート！
・まずはやってみよう！
・とりあえず○○してみる！

分析・配慮さんの場合は、

・○○もあるかもしれないと分析する
・○○かもしれないと仮説を立てる
・○○だろうと予測する

ことを大切にしているので、それぞれに合う届く言葉がけをしていきます。

それでは、再び営業チームの例をもとに、お伝えしていきましょう。

（即動く・即実行さん）
「この会議室を出たら、とりあえずリストの上から順に営業スタートだ！」

「まずは､既存顧客へのアンケート調査をやってみよう！」

「とりあえず、朝ミーティングで出た意見を採用して行動しながら、一番うまくいく方法を見つけよう！」

（分析・配慮さん）

「納期が早まることもあり得ると、事前に分析しておくとうまくいくと思いませんか？　もしそうだったとき、他部署にも可能なのかを事前調査しておくといいかもしれないですよね……。○○さんも、本日中に最善策を考えておいてね」

「○○くんの頭脳明晰なそのブレインで､1ヶ月3億を達成できるかもしれないと仮説を立ててみてはどうかな？」

「この商品パックを提案する場合は、もしお客様からのご要望があるとしたら、どんなものだと予想できますか？」

いかがでしょう。

続けることで、声がけの言葉がクリアになっていきま

2「最善発見のメカニズム」プロファイリング

□自分が主導権を握って動くほうがやりやすい

□思い立ったらすぐ実践するためだったら、やろうと思う

□行動しながら最善を発見することに、興味がある

□コレを選んで、すぐに自分の思うように開始してOKなのか、気になる

□主体的に動ける環境だと気分がいいし、やろうと思う

5個／　　個レベル

即動く・即実行

分析・配慮

▼

□行動の前に頭の中で、シュミレーションできるほうがやりやすい

□分析するための情報データ収集のためだったら、やろうと思う

□考えた結論を実行した先の、先の結果予測にも興味がある

□コレについて、周囲の最善のタイミング・成功データが気になる

□最良の結論まで熟考できる環境だと気分がいいし、やろうと思う

5個／　　個レベル

「ビジネス脳会話®」のポイント

- □とにかくスタート！
- □まずはやってみよう！
- □とりあえず○○してみる！

▲

即動く・即実行

分析・配慮

▼

- □○○もありうると分析する
- □○○かもしれないと仮説を立てる
- □○○だろうと予想する

す。

最後は③「脳力開発する手順選択のメカニズム」（172ページ）のカードでプロファイリングです。

常に**何かいいアイデアがないかと頭を使っている人なのか、マニュアルや取扱説明書がないと動けない人なのか、プロファイリングをしていきましょう。**

可能性・開発さんは、

- 多様性・フレキシブルに変更もOK
- （一定の範囲で）自由に変更OK
- 特別にルールを変えることもOK

順序・正しく遂行さんは、

- 確実に・正確に
- 正しく○○な方法はこちらの＿＿＿ですね
- 手順を述べる・順序立てて説明

という「クリティカルファカルティ」を持っています。

それを営業部署の実例で考えると、以下のようになります。

（可能性・開発さん）
「○○さんは普段よくやってくれているから、柔軟に選択肢を増やしたり、変更しても大丈夫だよ」

「○○さん担当のお得意様の件だから、1000万円の予算の範囲内なら、自由に特典を組み合わせてもいいとするのは、どうかな？」

「期末なので、延長○月○日まで3万個までの限定と、特別にルールを変えてもいいから営業に回ってみないか？」

（順序・正しく遂行さん）
「この方法は歴代トップセールスマンたちがやってきた確実に売り上げが上がるから1日20件回ってみよう！」

「○○というSNSでの週1投稿で1万アクセス。これは

特徴

③「手順選択のメカニズム」プロファイリング

□さまざまな方向性があるほうがやりやすい
□選択肢をつくりだすためだったら、やろうと思う
□さらなるクリエイティブ方法や、新たなる道筋に、興味がある
□コレを選んで、新たな機会や可能性があるのか、気になる
□柔軟に可能性を広げ追求する環境だと、気分がいいし、やろうと思う

▲ 5個／　　個レベル

可能性・開発

順序・正しく遂行

□確立されたマニュアルがあるほうがやりやすい
□順序立てた正確な伝達をするためだったら、やろうと思う
□根気よく最後までやりとげて、完成することに興味がある
□コレは、本当に最善を導く正しいステップかが気になる
□はじめたら最後まで遂行する環境だと、気分がいいし、やろうと思う

5個／　　個レベル

親和言語

「ビジネス脳会話®」のポイント

□多様性・選択肢を増やし柔軟におこなってもOK

□(一定の範囲で)自由に変更OK

□特別にルールを変えることもOK

□確実に・正確に

□正しく〇〇な方法はこちらの＿＿＿＿＿ですね

□手順を述べる・順序立てて説明

正確な情報だ。初めてで不安に思うこともあるかもしれないが、正しい方法に従って続けてみよう」

「クレームなく正しくお客様に商品を説明する方法は、①お客様が大切にしているものを聞き出す、②心配事・不安を聞き出す、③そのお客様の問題解決を爽快にクリアする商品説明のシートを見せて説明する。以上、これが、初めての営業マンにもできる安心なステップだ」

　さらに長く、以下のように伝えることもあります。

「お客様が大切にしているものを聞き出すなら、①今回の商品を選ぶにあたって重視されていることは何ですか？の質問を繰り返す、②心配事・不安を聞き出すには、ココまでお話ししてみて、『何かわからないことや不安や心配、もっとお話ししておきたいことはありませんか？』と相手がこれ以上話すことはないという状況までお話を聞くだけだ、③そのお客様の問題解決を爽快にクリアする商品説明のシートを見せて説明シートの番号順にいうだけでOK！①〜③の順番で緊張しても安心の営業プロセスだよね」

時にはこのように細かいくらい、最初から最後まで詳細を言語化して伝えるので、長目な会話になります。

雰囲気はつかめていただけましたか？

一番の特徴は、**コーチングとは異なり、相手の脳の特徴に、ピンポイントで働きかけることができること。**
そうすることで、相手も警戒心を持たずに、よい方向に行動が変わっていきます。

難しいと感じられたときは、少しずつチャレンジしてもOK！

チェックシートで、今すでに自分が持っている、脳の個性や相手の個性を知るだけでも合格です！

カードを眺めながら、
「へ〜、人って、こんな6つの個性の『違い』があるんだ」
と、人はそれぞれ『違い』があって良いんだ！を知ることができただけでもOK！

そして、この「違い」を持った人達と助け合って共存共栄すれば、「すべての職場はうまくいくかもしれない！」と、その可能性にワクワクするだけでもOKです！

もっとお互いの脳の個性を、アートのように科学反応させて、もっとごきげんな働き方ができるんだということ、「個性は美学」に気づけるだけでもOKですよ。

職場の人間関係やコミュニケーションが気楽になるので、楽しんでおこないましょう！

困った相手も味方につける「脳内ラポール」のメカニズム

ここまでご紹介してきた「影響力」のプロファイリングを続けている方の中に、こんな方がいらっしゃいました。

「先週、部下から、『最近部長、明るくなりましたよね。相談しやすくなりました』っていわれました！ 昔は、どうでもいい話なんて無駄だと思っていたんですが、相手の言葉1つひとつも重要なデータの宝庫で、相手の個性を知る重要なやりとりなんだと思って、話も**イライラせず落ち着いて聞けるようになりました**。相手が興味を持っていることや喜びそうなことが、自然と見えてくるので気楽に自分からも、自信を持って声がかけられるようになれたんです！」

など、目に見える効果があらわれていて、わたしも嬉しくなりました。

この話には続きがあります。

報告があった3ヶ月後には、なんと長年の夢だったご成婚となり、ご家族を持たれてますます楽しくご活躍されています！

このプロファイリングを使ったヒプノティックパワー®を使うことで、人に対する愛と優しさの「影響力」を身につけたので、自然と相手に興味を持って話せるようになり、周りも自分のことを大切にしてくれると実感できるようになった。そういったコミュニケーションが取れるようになったから、すべてを手に入れられたとおっしゃっていました。

他にも仕事だけではなくプライベートも充実されたり、家族と仲良くなってという報告もたくさんいただいています。

ここで1つ質問があります。

わたしたち人間、全人類みんな「一番大切で興味があるもの」は何でしょう？

答えは「自分」です。

だから、あなたも他者も同じように、はじめは相手に**「警戒心」**を持ちますし、相手がほめてみとめて感謝してくれるようになって初めて、「よい人なのかな？」「信じてよいのかな？」と、コミュニケーションをはかりながらも、疑いの心**「疑心」**という状況になります。

その後も変わらず、ほめてみとめて感謝することを繰り返していると、これが当たり前の人格なんだなという**「信用」**へと変わり、親しく和やかにコミュニケーションを取り合っていく「親和」の関係性へと変わります。

ここで、やっとビジネスシーンでもよく使われる**「信頼」**、信頼関係が築かれます。

こういった過程を踏んでいくのも、「自分が一番大切」だからです。

たとえ、**善人でも悪人でも、脳の根底では、みんな自分が1番で「自分大好きマインド」で生きている**のだと、まず理解することで、なんとなく他の方々が愛おしく見えてきませんか？

6日目では、催眠の公式を使いながら、さらに相手の潜在意識の情報を引き出し、相手が心地よく行動してくれる方法をお伝えしていきますね。

職場の人間関係を味方にする
脳内ラポールのメカニズム

信頼への5ステップから
さらに牽引する

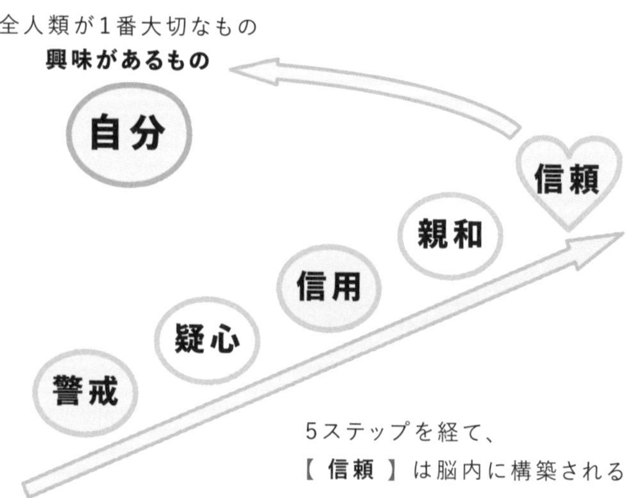

そして、相手と相手の世界を共有した先に
共感が生まれ、さらに自分の世界へと
相手を誘い、結果としてその場を
リードすることができるようになる

6日目

影響力
モットホシイ脳を
満たしさらに
覚醒する

今日からあなたは、「自分中心で、会社の中心で、みんなの脳に優しい愛の命令文を叫んでいこう！」

と、いうわけで、この章では、さらなる「影響力」を覚醒していきます。

自分が望むことを発言しているのにもかかわらず、周囲から受け入れられ、自分の望むように動いてもらえる――。魔法のような話ですよね。

「自分が望むことを、周りに命令するなんて、自分勝手でわがままじゃないですか？」

と思われたあなた。大丈夫です。

わがままと「思うがまま」は、まったく別物！

みんなの脳を喜ばせながら受け取りやすくして、「思うがまま」に、あなたの意見を申し立てるわけですから、嫌われません。

いわれた相手も、脳が気持ちよくなっているわけですから、むしろ好かれます！

ここからは催眠パワー全開でいきますので、「影響力」は、さらに覚醒していきます。ぜひこのマジックを体感してください。

古来より為政者から人気者まで使ってきた「催眠パワー」

6日目は、脳の潜在意識に直接影響を与える最高峰のゲーム！

歴史的にも、政界、国王や武将などが、国づくり、国治に使っていた大衆煽動の技術でもあり、現在では、人気者や有名人、誰もが感動したという、人々の心を動かす方々の催眠パワー全開。

1対1のプレゼン＝営業・セールスにも大きな力をもたらすヒプノテックパワー、**「ビジネス催眠力®」**です！

「ビジネス催眠力®」は、ビジネスパーソンに向けたヒプノティックパワー®のスキルであり、「自分だけでなく他者の脳のシステムに直接影響を与え、行動や言動までも変える力」があります。

相手の潜在意識レベルに働きかけるので相手も無理なく自然と行動が変わっていく。

結果、自分が望ましい方向へ結果が導かれるにもかかわらず、相手に強引さを感じさせないので、受け取る側にも優しいビジネスコミュニケーションになります。

6日目 2

「イコールの公式」で相手のモチベーションを一気に高める

5日目では、相手のタイプ別に声かけをすることで、相手の潜在意識に届けられる方法をお伝えしてきました。

6日目では、先ほども申し上げたように、**催眠パワーを使いながら、相手の潜在意識に、ダイレクトに働きかける方法です。**

たとえば、あなたが、

1　自分も相手も気分上昇で、相手を最高に元気づけたい、勇気づけたいとき
2　やってほしい仕事がたくさんあるのに、お願いしにくくて、どのようにいってよいかわからなくなり困ったときや、何度もお願いしたのに思うようにやってもらえないとき

そんなときは、これからご紹介する、「イコールの公式」や「やじるしの公式」を活用しましょう。

これらは、**「おきている事実」＋「あなたが相手に影響を及ぼしたい文章」を公式に当てはめるものです。**

たとえば、

「イコールの公式」は相手を勇気づける言葉がけをつくれますし、「やじるしの公式」はあなたのお願いを、相手が受け取り上手にさせることもできます。

これらの公式を使うだけで、こちらの伝えたい内容が、相手のクリティカルファカルティを、簡単に通過し潜在意識にダイレクトに届き、相手の言動や行動が、こちらの意図どおりに変化していきます。

まるで操っているかのように、です。

なぜ、そのようなことがおきてしまうのか——。

それは、**「脳は省エネタイプ」だからです。**

脳は、「あること」と、「あること」が、たとえイコールで結ばれなくても、なるべくまとめて理解しようとする力、特性があります。

また、「あること」がおきたから「あることが」おこるというようにまとめておくと、すぐに理解しようとします。

それを利用してつくられたのが、これからお伝えする2つの公式です。

初めてビジネスヒプノティックパワー®の「催眠公式」に出会う方も多いと思いますので、あなたが使いやすいなというほうを使ってくださいね。

まずは「イコールの公式」からはじめましょう。

やり方は次のとおりです

①「揺るぎない明確な事実（行動）」

＝②「相手が喜ぶ、相手に元気や勇気を与える言葉」

まずは、相手の「揺るぎない明確な事実（行動）」と、「相手が喜ぶ、相手に元気や勇気を与える言葉」を考えてください。

次に例をあげながら説明しましょう。

脳のおまとめマジック

〔イコールの公則〕

結果、あなたも気分上々になる
相手を勇気づける言葉探しゲーム

①
揺るぎない明解な事実（行動）
は

＝ イコール

②
相手が喜ぶ 相手に元気を与えること
と、同じだ

________ さんに対して勇気づけになる
言葉探しゲーム

ex.

毎日「おはよう」の挨拶をしている	＝	○○くんの部署の今期の成績は大丈夫だ！
○○を注文した	＝	センスがいい！
○○時までに来られた	＝	お客様が、ついつい買ってしまう最高で最強のプレゼンができるってことですよね！
○○（土地・学校など）出身	＝	いつからでも、どの部署でも、大出世できるってことですよね！

例1　「会社に出勤している」

＝「大成功する日も早いね」

＿＿＿＿さん、今日も会社に出勤しているということは、大成功する日も早いですね！

例2　「資料を持ってきてくれた」

＝「グッドタイミング、時間の読み込み最高！　センス抜群だよ！」

＿＿＿＿さん、今、資料を持ってきてくれたということは、グッドタイミングで、時間の読み込み最高！

例3　「会議で発言した」

＝「必ずよい方向へと向かう！　安心してね」

＿＿＿＿さん、会議で発言したということは、必ずよい方向へと向かう！　安心してね

例4　「前職で営業成績No.1だった」

＝「今期の売上もNo.1いけるね！」

⇩

＿＿＿＿さん、前職で営業成績No.1だったということは、今期の売上もNo.1いけるね！

このように、**イコールの後の言葉が、現在の状況よりもかなり飛躍していたり、現時点では直接むすびつかないことであったりしても、目の前にある事実に対して、相手を勇気づける、元気づける内容を伝えていきます。**

受け取る相手の脳の状態によって成果の表れにはタイムラグはありますが、何度も繰り返すことで催眠にかかりやすくなるという、脳のしくみを利用します。

たとえ1回で変化がおこらなくても、大丈夫。

数回で相手の行動が変わらなくても、繰り返し同じことを何度も言葉にしていう。

そうすることで相手の脳内では「積み重ねられた情報」となり、脳内に収納された文章を脳の中で確実に成長させて、**相手の好機やタイミングのよいときに、自然と相手の**

行動や言動が変わっていくようになります。

これが、潜在意識にダイレクトに働きかけているという状態です。

また、書き出していくうちに、相手が、たとえ嫌な人や社内の困ったちゃん、だったとしても、相手のことがなんだかかわいいく見えて、愛おしくなってきたりして、無駄な「イライラ」などのネガティブなストレスケアの効果もあります。

それから、**自分が相手に対して「本当は、何がいいたかったのか？」「相手に望むこと」を書き出すことで、自分の頭も整理されていきます。**

そのうえで、「相手が喜ぶ言葉はどのようにして見つければよいですか？」と質問されることがありますが、「相手がよく口に出す」「強調して話す」言葉を観察しながら、探っていきましょう。

相手が発する言葉で、「明るい未来がやってくる」と、あなたも確信できる「ポジティブなワード」ならば、相手が喜ぶ言葉になります。

人は自分の脳の中にある選択肢しか使えません。

何度も相手の脳に伝えることで、相手の気づいていない潜在意識にある、「得意分野の脳力」を刺激し、今まで脳内になかった、新たな選択肢が生まれます。

そして、相手に元気や勇気を与える言葉が、自然と現実化していくのです。しかも何の違和感もなく自然とです。

ぜひ、この穴埋めカードに当てはめて、あなただけのビジネスコミュニケーションの台本をつくり、職場で相手に何度も繰り返して伝えてみてください。

これが実現したとき、あなたも脳の素晴らしい可能性に感動することでしょう。

6日目
3

自然と相手が動く「やじるしの公式」

2つ目は「やじるしの公式」です。

この公式は、

①「揺るぎない明確な事実」

→②「あなたが相手に望む、やってほしいこと」

であり、

「今現実におきていることがある」から

→「これがおきる」という言葉を当てはめていくものです。

次のカードを見ながら考えていきましょう。

脳の自動実現マジック

〔やじるしの公式〕

結果、あなたもお願い上手になる
相手が受け取り上手になる言葉探しゲーム

① ○○がおこると

揺るぎない
明解な事実
（行動）

② △△がおこる

あなたが望む
相手にやって
ほしいこと

原因が　　結果となる

＿＿＿＿さんに対してお願い上手になる
言葉探しゲーム

ex.

とにかく元気 → お客様にもいつも気持ちいい挨拶をしよう

お客様に笑顔をほめられていた → 部下に対しても優しい口調で説明しよう

予定の15分前に集合していた → 今日のような重要な会議には1時間前に集合しよう

最近、資産運用の講座に行った → 下降気味の数字を見つけ、上がる対策案を最低3つあげよう

では、実際の例をご紹介しますね。

例1「早く会社に出勤している」

⇒「さらに資料に見やすい図を入れてほしい」

⇩

＿＿＿＿さん、早く会社に出勤しているから、さらに資料に見やすい図を入れてくれると、ありがたいよ〜。

例2「会議で発言できた」

⇒「お客様にわかりやすくセールスポイントを3つにまとめて説明してほしい」

⇩

＿＿＿＿さん、会議で発言できたから、お客様にもわかりやすくセールスポイントを3つにまとめて説明してくれると、お客様も、なお嬉しいんじゃないかな？

例3「前職で営業成績No.1だった」

⇒「今回の長いプレゼンの要点をまとめて10分で終えられるようになってほしい」

＿＿＿＿さん、前職で営業成績No.1だったから今回の

長いプレゼンも要点をまとめて10分で終えられるよ！

この「お願い」のパターンをさらにいいやすく、相手に受け取ってもらいやすくするためには、**語尾に「さらに」「もっと」「なお」などの、「あなたはもともとできている」「いう前からあなたはすごい」という「前提」を入れていくこと。**そうすることで、言葉のパワーが増していきます。

また、**「ありがたい」「助かる」「嬉しい」「最高です」など相手の存在価値を、一瞬でみとめて気分を盛り上げる言葉もおすすめです。**

お気づきのように、①と②はまったく関連性のない内容でも自由自在に組み合わせていっていけば、オールOK！

たとえば、自分にとって都合のよい、以前はちょっといいにくい内容や、さらにチームをまとめるためには**多少、高圧的に聞こえる恐れもある命令チックな内容でも、意外に大丈夫です。**

こういったことも、この公式に入れると、周りにはマイルドに認知されながら、潜在意識の97%の脳の大部分に影響を与えることができ、相手が自然と喜んで行動を変容するきっかけとなるのです。

7日目

切り替え
デキナイ脳から
「切り替え力」を
覚醒する

「朝のお客様対応で、いろいろいわれて、ほんとツライ。絶対、気持ちを切り替えたほうがよいのに……あああ～！　ずっと1日、気分が上がらない……」

「あ～、また明日も上司に、いろいろといわれるかもしれないと思うと、やる気も出ないし、行動する気もおこらない！」

「今日の嫌な出来事が頭から離れなくってずっとイライラ、クヨクヨ、ムカムカしている」

そんなとき、脳の面白い使い方、スイッチ1つ、一瞬で切り替えられる方法があります。

いよいよ最終日となる7日目は、脳が記憶する3つの視覚・聴覚・体感覚の深いレベルにアプローチして、思考から行動・言動まで一瞬で変える方法をお伝えいたします。

切り替えベタほど「一瞬」で切り替えることが重要！

起業する前のサラリーマン時代、わたし自身も、ネガティブ思考をどうにかしないと生きていけない状況だったので、無理してがんばったり笑ったり明るくしていたものです。

そんな折、出会ったのが、NLP（神経言語プログラミング）＝実践心理学。

これは、ベトナム戦争後、戦場から帰った兵士たちが、深刻でネガティブな心理状態や、**トラウマや恐怖症になった状況に早急に対応するために、莫大な量と金額をかけて、心理関連の研究に投資した中で生まれました。**

そういった背景だけに、メンタルを強力にサポートしてくれるものもたくさんあり、わたしもこれまで講師として、たくさんのワークを教えてきました。

ここからは、その中にあるワークを、日本人でも実践しやすいものに応用した、**「切り替え力」を覚醒させるヒプノティックパワー®ワークを伝授していきます。**

気づかないうちに「脳内エラー」をおこしていないか？

戦後、わたしたちは、国の発展のために同じ型にはめられる教育を当たり前に受けて、自分の個性をなくしてまでも、周りの人や環境に合わせることができる人が、優秀とされていました。

それは**脳の個性でもある脳力や性格・知性を封じるということ。**

でもそういった自分らしくないことを選択し行動すると、脳は調整とたくさんのエネルギーを使うことになり、その結果、「無理・我慢・がんばりすぎる」毎日となります。

さらに、ストレスやプレッシャーなど、無駄に脳のエネルギーを使い、**「無理・我慢・がんばりすぎ」てしまう、脳のクセがつけられてしまいます。**

でも、脳と心の世界を22年間も探求し、多くのお仕事をがんばる人たちの、メンタルサポートを続けていくうちに、わたしは、「無理・我慢・がんばりすぎ」によって、脳内エラーをおこしてしまうことがわかってきました。

わたしたちの脳は、持ち主であるあなた＝ご主人様のことが大好きすぎて、愛おしすぎて、

「もっともっと『ワクワク・ラクに・楽しく』仕事をして、人生を謳歌するための最高で最幸（MAX HAPPY）にする方法」

を知っています。

それなのに、わたしたちは、

「いやいや、無理しないとできないでしょ！」

「我慢したら、すべてうまくいくでしょ！」

「がんばらないと、夢は叶わない」

と、とんでもない誤解して、「知らなかった、ただそれだけ」で、ここまで随分と、辛い思いや悔しい思い、「なんでこんなにやっているのに、うまくいかないんだろう」と悩んでしまっているのです。

皆さん、いろいろと苦労されてきたかもしれません。

わたしの昔のように……。

というわけで、**脳が「知らなかった」を**
→脳が「知っている」
→脳が「している」「実践している」に変えましょう。

あなたらしい働き方、そして仕事もプライベートも、「ワクワク・ラクに・楽しく」生きやすい脳へと、「スイッチング」して、再構築する習慣をお伝えしていきます。

7日目 3

優秀な人こそ楽しんでやっている「スイッチングマジック」

ここからは、「無理・我慢・がんばりすぎる」、等のさまざまな脳の悪いクセ＝悪習慣に対して、脳内に記憶を貯蔵する3つの感覚「視覚・聴覚・体感覚」をフル回転させながら、「ごきげん脳」にスイッチしていきましょう！

名付けて「スイッチングマジック」(207P)、やりかたは次のとおりです。

1　視覚：「ごきげんサンプルカード」や「穴埋めカード」の目線を、下に書いた「悪習慣」から、上に書いた「よい習慣」へと上げて、「悪習慣からよい習慣」をセットとして繰り返し見る

2　聴覚：「スイッチ〜！」という声に出す

3　体感覚：同時に両手で、ぱんっと柏手を打つ

4　体感覚：体が上昇！　天に（上に）吹き飛ばす！
（両手を上に上げて自分の上にある空気を吹き飛ばすリアクション、またはイメージの中で行ってみる）

たったこれだけです。

アクションをして、気分がごきげんに明るくなるまで、この流れをリズミカルに楽しく繰り返すだけ！

子どものお遊び、お遊戯のように、

「ワクワク・ラクに・楽しく」やってみましょう！

50代以上の経営者や企業のお偉いさんの方々も、最初はビックリしているご様子ですが、優秀な方ほど無邪気にやっています。

一緒に参戦して楽しんでやってください！

「ワクワク・ラクに・楽しく」

自分がお望みのごきげんな習慣、一生続けたくなるような、あなたが気に入るごきげんな習慣、脳のよいクセへと変えていくゲームをしていきましょう！

研修修了時のアンケートでも、

「仕事の質が上がった」
「速攻の変化を感じた」
「怒らなくなった」
「疲れなくなった」

「考えすぎな自分に気づいて悩まなくなったら、不思議と考えすぎていた頃より、もっと仕事がスムーズにうまくいくようになった」
「人間関係が気楽なものになった」

等のお声をいただいているものですので、**あなたにも必ず今よりよい結果をもたらしてくれはずです！**

まずは、「ごきげんサンプルカード」を使った、「スイッチングマジック」ゲームで、脳の新しいクセづけをしてみましょう。
そして「切り替え力」を覚醒しましょう。

脳内スイッチングマジック

合言葉は
体は上昇！

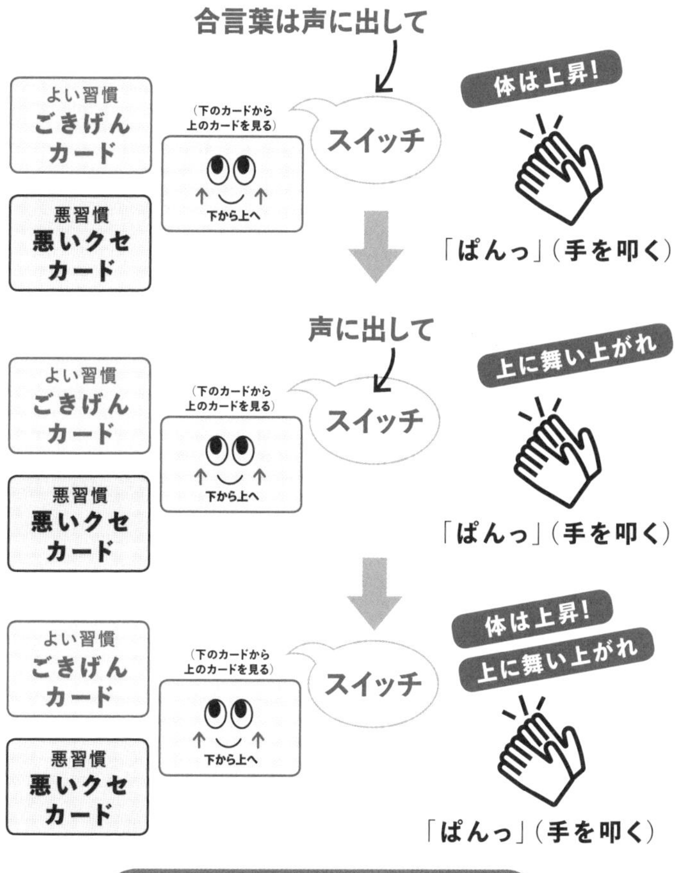

まずは、3回1セット

7日目 4

日本人ならではの「3つの感覚」をフル出動！

このゲームのポイントは、「高速でおこなう」ことです！

一番わかりやすいところですと、児童教育の1つにある、フラッシュカードという「情報を瞬時に記憶させる方法」。

1秒という、瞬きするくらいのリズムで、目に見えるカードをめくっていくものがあるのをご存じでしょうか。

あれは、**「論理的思考」を得意とする「左脳」の判断が追いつかず、「視覚理解」を得意とする「右脳」での情報処理が、優先的におこなわれるといわれています。**

大人になると脳が凝り固まって、気持ちも行動も頑固になる「論理的思考 」の前に、新しい「視覚情報」イメージを取り入れ、「視覚理解」をさせるために「高速で」目を動かしていくものです。

「視覚情報」を優先的に取り入れるのは、「メラビアンの法則」からきています。

心理学者アルバート・メラビアンは、コミュニケーションにおいて脳に影響を与える情報は、言語情報が7%と弱く、続いて、聴覚情報が38%。

そして、視覚情報が一番強い55%のウェイトで脳に影響を与えるといっています。

つまり、**脳に影響を与える強さの順で、視覚→聴覚、そして体感覚へとリンクさせて、脳内をチェンジングすることが、効果的なやり方**なのです。

わたしたちの脳の視覚情報は、動画の記録がアニメーションのセル画のように、行動のプロセスが1枚1枚連なって記憶しています。

また、聴覚情報では、DJがスイッチングで、前の曲から違う曲へとつないでいくように、変えることができます。

聴覚　：「スイッチ！」といった後すぐに、

体感覚：両手で、ぱんっと柏手を打つことで、

「下の悪習慣のセル画から上の、よい習慣のセル画に変わりました！」

そして、

「脳の悪いクセのリズムが、脳のよいクセのリズムへと変わりました！」

と、脳にアンカー（印づけ）する効果があるのです。

その後、さらに体が上昇し、天に（上に）吹き飛ばすアクションをすることで、体感覚レベルで、悪習慣・脳の悪いクセの場面が消え去ります。

アクションできない場合は、頭の中のイメージの中で、おこなってみましょう。

さらに、新しいよい習慣・脳のよいクセの場面へと上昇ワープした気分になり、悪習慣・脳の悪いクセが天に上へ吹き飛び、良き光へと変わることを彷彿させるのです。

以前、NLP（神経言語プログラミング）のトレーナー、講師の資格を取ったときに、「スイッシュ　パターン」という望ましくない行動を、新しい望ましい行動をインストールして習慣を変えるコーチングワークがありました。

しかし、このワークは講師のレベルになって経験を積んでも、日本人に対しては使いにくいところが悩みどころでした。

なぜなら、まずワークをする前に、受講生から、
「『スイッシュ』って、何？　なぜ、先生、ここで謎の声かけをするのですか？」
と質問され、彼らを多かれ少なかれ、「論理的思考」にさせてしまっていたことに、気づいたのです。

また、普段から「論理的思考」で働く、多くのビジネスパーソンから同じ質問をされているうちに、視覚、聴覚のスイッシュに、「体感覚」をプラスしたほうがよいのでは、と考え、視覚、聴覚、体感覚でのゲームをつくった経緯があります。

日本人向けに、繊細な３つの感覚を連動させて、自動的に脳内を「切り替え」、覚醒させることができるように開発したゲームワーク、それが「スイッチングマジック」なのです。

あなたも、嫌なことや、ストレスが溜まることがあったら、「スイッチングマジック」をして「切り替え力」を覚醒する習慣を身につけて、仕事も人生もさらに「ワクワク・ラクに・楽しく」していきましょう！

次項からは、さまざまな脳の悪習慣を、よい習慣に変えるカードをご紹介していきますので、カードと一緒におこなっていきましょう！

【スイッチングマジック①】自分主役で脳を使う

うまくいっていないときは、無意識で誰かの人生を生きている。

言い訳をしているときも、自分脇役脳になっている。

自分の手足ですぐにほしいものを直接取ればうまくいくのに、誰かに「それほしいから、取って」とお願いする。すると、その瞬間に、相手が主役になって、相手の気分で取ってくれるときも取ってくれないときもあって、あなたが脇役になってしまう。あなたがほしいタイミングで取ってもらえないから、ムダにイライラしたりする。

言い訳をした瞬間に、主役は相手のものになってしまって脇役の人生を送ることになる。

自分が主役になって物事をとらえて自分ごと化すると、自分が本当にほしいときに最高のタイミングでほしい分だけ手に入れる方法を、脳が的確に教えてくれるから、すべてがうまくいく。自分主役脳ですべてをつかむ！

そして、あなたらしい毎日が拡がりますよ。

脳内↑スイッチングマジック

「自分脇役脳」をスイッチ！

ごきげんサンプルカード

自分主役

脳

（下のカードから上のカードを見る）

声に出してスイッチ

上に舞い上がれ

「ぱんっ」（手を叩く）

自分脇役

脳

7日目 5-2

【スイッチングマジック②】無邪気な3歳児のように毎日生きてみる

前章でもお話しした、「クリティカルファカルティ」、顕在意識と潜在意識の間にある、門番さんを通過するもう1つの簡単な脳の習慣。

無邪気な3歳児のように、ワクワク・ラクに・楽しくやるためには、ちょっとしたことにも、「ありがとう」といってみること。

自分にも相手にも、いい子いい子して可愛がってみる。

「コレ、好き！」「コレ、嫌！」を、はっきりいってみる時間をつくる。

目の前の人だけでなく、モノや感情、体験にすべて名前をつけたり○○くん、○○ちゃん、○○さんと「擬人化」していくだけで、心が優しくラクになったりします。

イライラしたら「怒りの感情くん、いろいろと気づかせてくれてありがとう」

と、3歳児のお遊びのように、〝くん〟づけで、呼んでみる。

　すると不思議！トラウマや悪習慣ですら解決していく方向へと思考が変わり、脳へと再構築されていきます。

3日間、1日でもいいから、3歳児のようにすべてのものを擬人化して、「ありがとう」をいったりしていると、自然とトラウマや悪習慣ですら、解放していくことに気づける……。お客様も驚かれることがあります。

　ここに至ったのは、わたしが、ヒプノティックパワー®に出会って、この脳の使い方こそが最高のセラピーであることに気づいたからです。

　また、自分が「いい・好き」と思える人や、モノだけに囲まれるようになったのは、モノに「かわいい」「ありがとう」と話しかけていると、すべてが愛の化身であることに気づいたからです。

　あなたもたくさんの愛に囲まれてビッグハグされながら支えられて生きていることに気づけますよ。

　その愛が、いつでもどこでも、どんなときも元気・勇気・ひらめきをくれますよ。

脳内↑スイッチングマジック

「大人脳」をスイッチ！

ごきげんサンプルカード

3歳児

脳

（下のカードから上のカードを見る）

声に出してスイッチ

「ぱんっ」（手を叩く）

大人

脳

7日目 5-3

【スイッチングマジック③】出会った人はみんなスター

誰もが誰かのスター、ヒーローヒロイン。

今もあなたがいるだけで、元気・勇気・ひらめきをもらっている人がいることを忘れないこと。

あなたが、「無理・我慢・がんばりすぎ」なくても、大丈夫！

「ワクワク・ラクに・楽しく」しているあなたは魅力的！

「生きているだけで丸儲け」という言葉もありますが、**あなたが「生きているだけで、存在しているだけで宇宙貢献している」。**

あなたがいるから、誰かが、主役級に生かされている。あなたは何もしなくてもいるだけで、生かされている人がいることを思い出してください！

そして当たり前のように、自分もスターで最高で最強だから価値がある。唯一無二の、あなたしか演じることができない、宇宙の重要パーツであることに気づき、胸をはってごきげんに生きていきましょう！

脳内↑スイッチングマジック

「わたしなんて…価値ないです脳」をスイッチ！

ごきげんサンプルカード

誰もが誰かのスター脳

（下のカードから上のカードを見る）

声に出してスイッチ

体は上昇！

「ぱんっ」（手を叩く）

わたしなんて…価値ないです脳

7日目 5-4

【スイッチングマジック④】すべての出会いを喜びへ最適化

「なんだか嫌な感じ、アイツ……？　苦手かも」のサインはラッキー！

年齢性別、立場も経験も関係なく誰もが、自分の先生「先を生きる人」って思うと、すごく毎日がラクに楽しくなります。

なんだか嫌な感じ、苦手なアイツもみんな先生！

脳はご主人様の未来を先取りして、あんなトラブル嫌なことが実際におきないように。そして未来のご主人様の注意点を解決するべき課題に最短最速で気づいてもらうために、わかりやすく目の前の誰かを選んでも演じさせて、よくもよくなくても、たまに教えてくれています。

過激で、個性豊かな人物を送り込むことがあるけれど、あなたの未来のために嫌な役を演じてくださっていると思ったら感謝感激の気持ちでいっぱいになってきます。

出会った人はすべて先生！「先を生きる人」って思えたら、今目の前におこった事実へのポジティブな受け取り力がごきげんに覚醒します！

脳内↑スイッチングマジック

「なんか嫌な感じ…こいつ苦手脳」をスイッチ！

ごきげんサンプルカード

誰もが先生！ありがとう 脳

（下のカードから上のカードを見る）

声に出してスイッチ

「ぱんっ」（手を叩く）

なんか嫌な感じ…アイツ苦手 脳

7日目 5-5

【スイッチングマジック⑤】あの人いいな〜うらめしや脳の君へ

あなたは、誰かのこと「うらやましいな〜」って思ったことはありますか？

さらに、その「うらやましいな〜」が加速してちょっと嫉妬してしまったり、心ないことをいってみたり、意地悪してしまったことはありませんか？

そんなことが、あってもなくてもOK！　大丈夫！

でも、放っておくと……夢なんか絶対叶わないループにはまってしまう。

知らぬ間に目標達成がしにくくなっている、あなたのすべての成功が後回しになっている超絶コワイ脳のお話なのでちゃんと覚えていってください。

ハッキリいいますね。

多くの方を分析していると、他者が「うらやましい」という気持ちの手放し方がわからず、嫉妬心や、いじめ心を

抱いて、目標達成は先延ばしになっています。

そんな方々をこれまでたくさん見てきました。

「うらやましいな〜は手放そう」と提案しても、いつまでも手放せず、嫉妬心や、いじめ心を抱いている方で夢が叶ったという報告は、正直、22年間中1回も見たことがありません！

逆に、じつは、「うらやましい」は、「ありがとう」に変わります！

脳は、わたしたちご主人様に、「来週のご主人様の未来は」という具合で、これからの未来を投影して、こっそりあなたの未来を先取りしています。

そう、すべての出会いは感謝感激、「ありがとう」。

あのすごい人も、ちょっといいな〜ってうらやましく思ったあの人も、未来の自分だったとしたら？

可能性しかない自分の未来が、ますますワクワクしませんか？

脳はご主人様の未来を先取りして、目の前に見せて、魅せてくれるのですから。
自分の未来に気づけた、最高で最強な自分に「すごいね、おめでとう」っていってみませんか？

あのすごい人に、ちょっといいな〜ってうらやましく思ったあの人にもついでに、でもオマケでもOK！
「すごいね、いいね、おめでとう」いってみよう！

そうしたら、この世界から脳の無駄遣い、いじめや嫉妬。他者と比較することで一喜一憂することもなくなって、もっとみんなが生きやすく、本当の本当の脳力、個性の無限のパワーをごきげん大爆発しあえる、楽しい世界が待っています！
みんなで一緒に「すごいね！　おめでとう！」をしましょう。

脳内♪スイッチングマジック

「あの人いいな～うらめしや脳」をスイッチ！

ごきげんサンプルカード

未来の自分先取り美学脳

(下のカードから上のカードを見る)

声に出してスイッチ

「ぱんっ」(手を叩く)

あの人いいな～うらめしや脳

7日目 5-6

【スイッチングマジック⑥】ぼ～っとすることに集中

この本でもお馴染みの、顕在意識と潜在意識の間にある門番、「クリティカルファカルティ」という脳のフィルター。

ここで、古典的な催眠誘導でありながら、さらに、あなたがもつ最善のアイデアや、あなたらしさを最大限に引き出していくことができる、催眠療法の中の手法の１つを、お伝えしておきますね。

やることは簡単。
毎日の生活の中で、意図的に一生懸命、安心してぼぉ～っとしてください。

「いやいや、いわれなくてもお風呂に入っているときにはぼ～っとしてますよ！」
「帰りの電車の中でも自然と余裕でぼぉ～っとしてます！」
「そういえば、帰りの車、音楽聴きながらいつの間にか、ぽけ～と、ぽけら～としてるのに、いつの間にか、当たり前のように毎日ちゃんと家に帰ってます！」

　ということって、ありますよね。

　じつは、このぼ～っとしている状態。この催眠時の脳の状態をトランス状態といい、日常生活でも、まるで催眠セッションをされているときと似た、クリティカルファカルティを通過することができるトランスの状態に入れます。

　ぽけ～と、ぽけら～と、ぼ～っとしているとき。

　たとえば、お風呂に入っているとき、お茶やコーヒーを飲んでいるとき、先ほど、電車でうたた寝したくなるような心地よい状態に入ったとき。

　YouTubeやSNS、テレビもなんとなく見ていて「あっ！今、聞いていなかった！」と、目の前のメディアで何を見ていたのか、いっていたのかがわからなくなっている状態。

　これも催眠状態のトランスの状態です。

脳を催眠状態のトランスに導き「クリティカルファカルティ」が開き、潜在意識にアクセスしやすくなるのです。

たくさんの建設的なグッドアイデアが降りてきて、より自分らしさという、自分だけの脳力にアクセスできるので、あなたにとって最高の選択肢が生まれます。

催眠誘導されて、脳が催眠状態にあるリラックス状態が、気持ちいいだけでなく、力を入れて考えなくてもうまくいく世界があるんだと、あなたも嬉しくなるはずです。

今日からは、考えすぎ、悩みすぎてしまうときこそ、「ぽけぽけぽけらっちょ〜」すると、決めてみましょう！

ぼ〜っとする、と「決断」してみましょう！

もし、まだモヤモヤと考えてしまうなら、目の前に、頭の中のものを両手を使って、「えいっ！」と出すアクションを3歳児のお遊びのようにしてください。目の前に、「ぽんぽんぽ〜ん！」と出して、そのモヤモヤと一緒に飛ばしてもOK！

そして、「ぽけぽけぽけらっちょ〜」といって、ぼ〜っとする時間を楽しんでください。

「クリティカルファカルティ」を超えて潜在意識の中から、今をうまく生きるヒントを、上手に教えてくれる瞬間が必ず訪れます。

ちなみに、これを続けるとさらによいことがおこります。

催眠にかかりやすい脳になり、「クリティカルファカルティ」も通過しやすくなり、あなたのよいところをますます引き出して、潜在意識が使いやすくなります。脳が覚醒するだけでなく、**瞑想（メディテーション）も上手になるからお得な、一生モノの習慣になります。**

すごく簡単なので、激動の新時代を生きる真面目すぎる日本人には、ぜひぜひやってみてほしい「脳の使い方」です。

わたしもクライアント様も、これで毎日が生きやすく、仕事がしやすくなりましたので、ぜひお試しください。

脳内⤴スイッチングマジック

「考えすぎ悩みすぎ脳」をスイッチ！

ごきげんサンプルカード

ぽけぽけ
ぽけらっちょ
脳

（下のカードから上のカードを見る）

声に出してスイッチ

下から上へ

「ぱんっ」（手を叩く）

考えすぎ
悩みすぎ
脳

7日目 5-7

【スイッチングマジック⑦】「知らんけど」でうまくいく

ここで脳内の選択肢を広げて、あなたが可能な、最短最速で目標が達成できる方法、最高の最善を引きおこす面白いヒプノティックパワー® をお話しします。

夢を叶えるために考えすぎている方の多くは、かなりの確率で結構な倍率で、未だに叶っていないことが多いようです。

また中には、コーチングなどで、その人にあった思考のチャンク（大きさ）を間違って、夢を具体的にしすぎて、これまた、せっかくコーチングを受けているのに夢が叶わない方もいます。

最近ではYouTubeやSNSなどで、手軽に世の中に溢れる誘導瞑想や、アファメーションに使われている言葉を手に入れることができます。一方で、これらがあなたにとって「無理」「我慢」「がんばりすぎ」を引きおこすものでな

いかのチェックが必要です。

そんな自分を肯定的に奮い立たせて、夢を叶えるアファメーションですが、より多くの方の安全性を高めるためにお伝えしたいのが、

「なぜか知らんけど、おまかせします！」

を暗示文につけて誘導することです。

アファメーションで、最高に望んだ夢が叶った人もいれば、

「いつでもたっても叶わないので、やっているうちに苦しくなってしまいました……」

と、わたしのところに相談に来られる方も増えてきたので、ここを押さえておくと、うまくいくポイントをお伝えしておきますね。

「なぜか知らないけど、その夢が叶ってます」

そしてその後に、「叶っているのが当たり前という前提」を脳に覚えさせるために、「ありがとう、感謝します」と先にいってしまいます。

つまり、「抽象度高」は、「脳の力を最大限に活かせる」というわけです。

脳が最高で最強な、夢を最短最速で叶える選択肢を、
「ご主人様が知らないなら教えてあげるね！」
と、あり得ない出会いや、お金や豊かさを現実にお届けしてくれます。

わたしは、ヒプノティックパワー®の中の「なぜか知らないけど」だけに特化した、アファメーションをはじめて1年もたたないのですが、なぜか知らないけど、夢だった著者としての活動が最短で現実になったり。

なぜか知らないけど、飛行機の着陸前の窓からの景色、人、食、土地に一目惚れして、スムーズに東京から福岡に引っ越したり。

東京の頃もすごかったけど、それを遥かに超える御縁の数々。なぜか知らないけど経営者や会長レベルの方々とお食事に誘われて集うまで仲良くなったり、セミナーをさせてもらう機会ももらえたり。その後、すぐ個別VIPクラス

が満員御礼となり、自分が楽しめる気分がよくなる仕事しか依頼されなくなったり。

なぜか知らないけど、「あなたの中に、いつもある脳という宇宙」に、おまかせするアファメーションはおすすめです。

脳の使い方は、一生モノなので、面白く楽しい脳の使い方を、あなたもわたしと一緒に手に入れて、すべてのほしいもの、夢が叶う脳の世界を遊び続けてくださいね。

脳内♪スイッチングマジック

「夢を叶えるため考えまくり脳」をスイッチ！

ごきげんサンプルカード

知らんけどおまかせ脳

(下のカードから上のカードを見る)

声に出してスイッチ

「ぱんっ」(手を叩く)

夢を叶えるため考えまくり脳

【スイッチングマジック⑧】
セルフde スイッチ

カードを使った、「スイッチングマジック」の脳の使い方は慣れてきましたか？

次は、「穴埋めカード」を使って、あなたの脳の真髄にある本心に問いかけてみてください。

1　「穴埋めカード」の問いかけに対して、「手放したい悪習慣」と「望ましい未来」のよい習慣の穴を埋めてみましょう！
2　視覚：1でつくった自分の「穴埋めカード」の悪習慣を見るところからはじめる
3　聴覚：「スイッチ！」という声と、体感覚：両手で、ぱんっと柏手を打つ
4　視覚：サンプルカードの悪習慣を見ていたところから瞬時によい習慣を見る
5　体感覚：体が上昇！「天に（上に）吹き飛ばす！　アクション」をしてごきげん気分で明るくなるまで繰り返すだけです。ぜひお試しくださいね。

セルフde
スイッチングマジック

良

ex.
**よい例➡ 素直に伝えて、
頼り上手**

(下のカードから
上のカードを見る)

声に出して
スイッチ

「ぱんっ」(手を叩く)

悪

ex.
**悪い例➡ 嫌われたくないから、
断れないクセ**

セルフde スイッチングマジック

未来

ex.
未来➡何をいわれても
超絶ごきげん

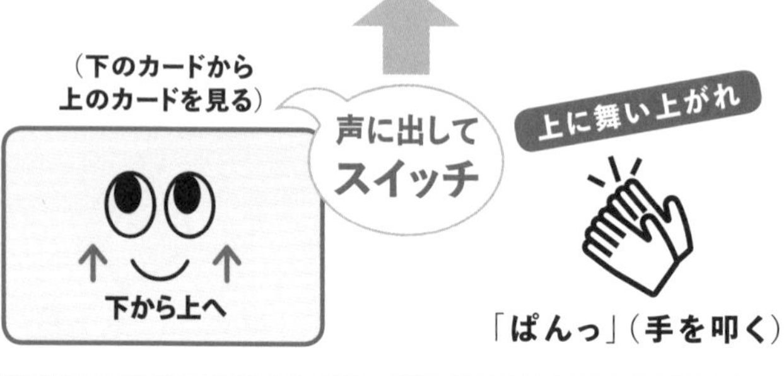

今

ex.
今➡強めにいわれると
落ち込んでしまう

セルフde スイッチングマジック

希望

ex.

誰の前でも最高の自分で話せている

(下のカードから上のカードを見る)

声に出してスイッチ

体は上昇!
上に舞い上がれ

下から上へ

「ぱんっ」(手を叩く)

現状

ex.

○○さんの前だと緊張して発言できない

「自分が主役」で仕事の場を輝かせる

ここまで、わたしのクライアント様の成功例や喜びの声をたくさん載せながら、この本を取っていただいた、あなたのよき未来が描きやすいものとなり、勇気づけになればと思い、たくさんのメソッドを紹介してきました。

わたしのクライアント様の中には、
「先生、本当にやってない。信じてほしい！　誤解なのに……。ハラスメントとして取締役会議に上がり、今日から**マネージャーをはずされたので、もう役職はない立場なので来月からはコーチングに参加できなくなりそうです**……」
という方や、

「先生、3ヶ月後には、わたしの部署がなくなるんですって。海外の本社のトップからいわれましたので、先生の研修を受けられるのはあと3回です」

という、ビジネスパーソン史上、最高の転機を迎えられる方もたくさんいらっしゃいます。

誤解されて、今までやってきたことがみとめられずに、積み重ねた信用もなくなり、悔しく、悲しく、怒りに満ち溢れてしまうこともあるでしょう。

そんなとき、気分転換に使ってもらうように提案しているのが、**今、あなたと一緒にやっていった「スイッチングマジック」です。**

人生は地図のない冒険で、シンデレラストーリーや、ヒーローズジャーニーの中にもあるような、ジェットコースターのような喜怒哀楽なストーリー展開だからこそ、味があって、唯一無二なあなただけの面白さがあり、万物誰もが応援したくなるものでもあります。

すべては学びですが、わたしたち人生の主役、ヒーローヒロインには2つの選ぶ道が、いつもあるのです！

1　ネガティブに落ち込む、怒り狂い感情的になる道
2　「切り替え力」で、ごきげんでポジティブな光の

道を選び、この地球、この時代を変える主役級の運命を貫くことができる、0.03%のわずかなメンバーに選ばれた人、英雄の道を歩む！

ここまでゲームに参加してもらったあなたには、ぜひ、主役級の運命を楽しみ遊び、「ワクワク・ラクに・楽しく」を、毎日のお仕事に取り入れてほしいと思っています。

そして、何があってもオールOK！な「切り替え力」「スイッチングマジック」で、ごきげんな明るいヒーローヒロインになってほしいと願っています。

おわりに

本日も「脳覚醒日和」です

「りかさん、声を聞くだけで元気になったよ！」
「あんたみたいな、明るく元気なのが、テレビに出ていたらいいな」

これは、今でも覚えている、故郷で出会った患者さまから、当時かけられた言葉です。
「脳覚醒メソッド」は、「今まで出会った患者さまをもっと元気に明るくしてあげたい！」という私を、本当の医療人として育ててくれた感謝の念から、はじまりました。

「なぜ、あれほど真面目に頑張っている人が、うまくいかないのか？」
「医療のマニュアルどおりには進めないのは、なぜ？」
「患者さまのストレスの根源は何だろう？」
「治らない根本原因とは？」

等々、医療に向き合いながら日々、悩み、考え続けていた、ある日のことです。

「そうか！　父がいっている、【病は気から】なのかも！」
　ということに、気づきました。

　それからというものの、「人生すべて」といっていいくらい、心理学・脳科学・気学をはじめとする学問に、全身全霊を注いできました。

　時は過ぎ——。
　私は今、親戚も知り合いもいない福岡で、自分自身がワクワク楽しく日々、脳覚醒を続けています。
　それもこれも、明るく気のいい福岡の人、御縁のおかげさまです。いつもありがとうございます。

　また、石川塾の主催者、石川和男先生。石川先生の、
「脳を可愛がるって面白いし、今の時代に必要なことだから、もっと多くの人たちに伝えないと！」
　という言葉があったから、この本が誕生したといっても、過言ではありません。ありがとうございました。

それから、日頃よりご愛顧いただいておりますクライアントさま、メンタルビジネススクール™の生徒さま。

弊社、ホワイトスターラボを、法人にまで覚醒させてくださったのは、ご愛顧を賜っております皆さまのおかげです。ありがとうございます。

最後になりますが、多くの学びをくれた父雅夫、母静子。妹ゆきゃっつ、弟まーりん、父母両家、山田家、上打田内家の皆さま。

これからもお姉ちゃんは、

「母から学んだ良妻賢母・母なる大地の在り方で、そして、父から学んだ『病は気から医食同源と笑いのパワー』」

の遺伝子を引き継いで、後世につなげていきます！

すべては、意味ある必然！

今まで出会った皆さま。

そして、今回、一緒に「最強の脳覚醒への旅」を歩むことができた、あなたさまに、感謝感激です。

「脳覚醒メソッド」は、実践メソッドでもあります。

本文では、日々、働くうえで、人生を歩んでいくうえで、自分自身がごきげんでいながら、最大限、あなたの脳力を発揮できる方法をご紹介してまいりました。

今この瞬間、そして毎日が、最強の「脳覚醒日和」になるのは、とても楽しいことですので、ぜひ、「自分が主役」なビジネスライフを、さらには人生を楽しんでくださいね！

また、お会いしましょう！

メンタルクリエイター®

株式会社ホワイトスターラボ

代表取締役　山田梨加

臨床時代、書籍や研修を通じて、さまざまな先生方とのご縁がなければ、「今のわたし」には出会えませんでした。また、クライアント様たちの最高の笑顔や【脳覚醒】の瞬間に出会い、大きな喜びを知ることはありませんでした。

そんなわけで、さらに【脳覚醒】にご興味のある方へ、あの頃、読んで大きな力となった書籍をご紹介します。

- 『NLPタイムライン・セラピー』(2007年)
  タッド・ジェームス著&ワイアット・ウッドスモール著　ヴォイス
- 『「影響言語」で人を動かす』(2010年)
  シェリー・ローズ・シャーベイ著　実務教育出版
- 『SUPER BRAIN 』(2014年)
  ディーパック・チョプラ著　村上和雄翻訳　保育社
- 『あなたは「意識」で癒される』(2017年)
  ディーパック・チョプラ著　フォレスト出版
- 『宇宙のパワーと自由にアクセスする方法』(2014年)
  ディーパック・チョプラ著　フォレスト出版
- 『スイッチ・オンの生き方』(2011年)
  村上和雄著
- 『言葉を変えると、人生が変わる～NLPの言葉の使い方』(2008年)
  クリスティーナ・ホール著　ヴォイス

- 『こころのウイルス』(2001年)
  ドナルド ロフランド著　英治出版
- 『NLPコーチング』(2006年)
  ロバート・ディルツ著　ヴォイス
- 『天才達のNLP戦略』(2008年)
  ロバート・ディルツ著　ヴォイス
- 『NLP実践マニュアル』(2007年)
  ジョセフ・オコナー著　チーム医療
- 『ミルトン・エリクソンの催眠テクニックI【言語パターン篇】』(2012年)
  リチャード・バンドラー著　春秋社
- 『ミルトン・エリクソンの催眠テクニックII【知覚パターン篇】』(2012年)
  リチャード・バンドラー著　春秋社
- 『コーチングのすべて―その成り立ち・流派・理論から実践の指針まで』(2012年)
  ジョセフ・オコナー著&アンドレア・ラゲス著　英治出版
- 『NLPイノベーション:〈変革〉を起こす6つのモデル&アプリケーション』(2013年)
  マイケル・ホール著&シェリー・ローズ・シャーベイ著&ティム・ホルバム著&クリス・ホルバム著　春秋社
- 『英雄の旅 ヒーローズ・ジャーニー 12のアーキタイプを知り、人生と世界を変える』(2013年)
  キャロル・S・ピアソン著　実務教育出版

「特典プレゼント」のお知らせ

この本をお買い求めいただいた方、
全員に、本文で掲載した、
「脳覚醒穴埋めカード」データをプレゼントいたします。
本文では例文が入っておりますが、
プレゼントデータは例文なしの空欄となっているので、
カードを見ながら考え、書き込むことができます。
使うことでさらに脳覚醒がひろがっていくこと間違いなし。
ぜひご活用くださいませ。

プレゼントの詳しい情報は、
以下のQRコード(スマートフォンからできます)
からダウンロードくださいませ。

※このプレゼントは諸般の事情により、予告なく終了することもございますことを、
ご了承くださいませ。

集中力・生産性が劇的UP！
最強の脳覚醒メソッド

2023年9月30日　　初版発行

著　者・・・・・・山田梨加
発行者・・・・・・塚田太郎
発行所・・・・・・株式会社大和出版
東京都文京区音羽1-26-11　〒112-0013
電話　営業部03-5978-8121／編集部03-5978-8131
http://www.daiwashuppan.com
印刷所／製本所・・・・・・日経印刷株式会社
装幀者・・・・・・喜來詩織（エントツ）
装画者・・・・・・セキト

ISBN978-4-8047-1901-6